Aventures
et
Mésaventures
de la
Conchyliculture

GEORGES QUETIER

ISBN : 9781980990512

TABLE DES MATIÈRES

L'auteur ....**Page 1**

L'ouvrage ....**Page 3**

Remerciements ....**Page 5**

1ère Partie : « HISTORIQUE »...............................**Page 9**

1) L'aura de sympathie dont bénéficient les coquillages.

2) L'attrait pour le bord de mer.

3) Les vacances à la plage.

4) L'imagerie populaire.

5) Petite histoire de la consommation des huîtres :

    a) Les Hébreux.

    b) La Grèce antique.

    c) A Rome.

    d) En France.

    e) A Londres.

    f) Aux USA.

6) Assaisonnements et boissons accompagnant la consommation des huîtres.

7) Qualités propres aux coquillages.

8) L'huître d'élevage : « puits à carbone. » !

9) L'huître aphrodisiaque ?

10) La production des coquillages.

11) Conchyliculture et pêche.

    a) Le Domaine Public (DPM).

    b) De la pêche à la culture : les « claires », la « spéciale », une proto-ostréiculture.

12) La Conchyliculture proprement dite :

    a)Invention de la Mytiliculture, ou culture de la moule, par Patrick Walton.

    b) Invention de l'Ostréiculture, (Victor Coste).

13) Capteur de naissain d'huître.

14) La « Règle d'or » de la conchyliculture : L'éclaircissement.

15) L'arrivée en France de l'huître portugaise.

16) L'ostréiculture devient indépendante de la pêche.

17) La pêche à pied collective de l'huître plate.

18) Le gel de 1963.

2ème PARTIE : « MON EXPERIENCE ».............................**Page 35**

1) Mai 68.

2) Organisations Professionnelles.

3) Premiers développements sur la côte ouest du Cotentin.

4) Maladie de la Creuse, la Gigas remplace la Portugaise.

5) L'ostréiculture en poches. L'invention de Francis Hélie.

6) Les écloseries.

7) Les huîtres stériles.

8) Un petit peu de biologie.

9) La division sexuelle.

10) Les détracteurs de l'huître stérile.

11) Transport sur l'estran : Scout-cars, tracteurs et remorques.

12) Plantation des pieux à moules.

13) Le catinage.

14) La cueillette des moules à la grue.

15) Le pieu brésilien.

16) Chantiers à cordes.

17) Emmaillotage des pieux.

18) Les oiseaux prédateurs.

19) Le bigorneau perceur.

20) Le crabe enragé et la tahitienne.

21) Innovations normandes.

22) Salubrité des côtes cotentinaises.

23) La salubrité des coquillages: l'affaire des pouvoirs publics.

24) Le dégorgeoir obligatoire. Le syndicat de défense.

25) Les analyses. (Lettre du Directeur des services Vétérinaires ; Normes ISTPM ; Résultats/côte ouest ; Lettre Huglo ; Radioactivité.)

26) La marée-noire de « L'Amoco-Cadiz ».

27) Le Plan Orsec.

28) Une section normande au sein du « Comité interprofessionnel de la conchyliculture (C.I.C.) ».

29) Tâches urgentes.

30) Forages sur la dune.

31) Une base mytilicole à Agon?

32) Les « Permis-Poids-Lourds ».

33) Contrôles sanitaires réguliers.

34) Ventes en direct.

35) La tempête d'octobre 87.

36) Les aides de l'Etat.

3ème PARTIE : LES SURMORTALITES ....Page 91

1) Octobre 87 à juin 2008.

2) Apparition des mortalités des huîtres en juin-juillet 2008.

3) Première réflexion sur les causes de cette subite et brutale mortalité.

4) Métabolisme de base.

5) Mes rencontres avec le phénomène de la sous-oxygénation du milieu aquatique.

6) Les nutriments en cause.

7) Synthèse de l'ammoniac.

8) Autres synthèses dans les échappements des moteurs à explosion, pollution aux oxydes d'azote.

9) Deux types de moteurs thermiques sont en concurrence ; le moteur à essence et le diesel. Système SCR.

10) Pluies acides dans la mer et sur le sol.

11) Les excédents de l'agriculture

12) Deux sources d'azote polluant le milieu aquatique.

13) Le vase qui déborde.

14) Photosynthèse ou synthèse chlorophyllienne.

15) L'eutrophisation et ses expressions diverses.

16) Travaux des chercheurs canadiens : Recommandations Canadiennes pour la Qualité des Eaux (R.C.Q.E.), oxygène dissous.

17) Autres phénomènes induits par l'eutrophisation.

18) Réunions professionnelles de Gouville en juillet et août 2008.

19) Le diagnostique des médias.

20) Premières réactions en Normandie : créer des structures d'étude.

21) Les deux thèses.

22) La « thèse Ifremer ».

23) L'expérience d'injection de broyats.

24) Mon laboratoire improvisé.

25) Aveuglement de l'Ifremer : Tentatives d'explications (culturelle, politique, technique).

26) Des techniciens sur le terrain en Normandie.

27) 2013. La surmortalité atteint les huîtres commercialisables.

28) Premières aides apportées par l'Ifremer à l'ostréiculture sinistrée :critiques et conseils et culpabiliser les victimes (Grisel).

29) Les doutes de la profession.

30) Enfin : « Des huîtres résistantes à la maladie : huîtres R » !

31) Chances de réussite du plan « salvateur ».

32) La bérézina !

33) Fureur de la profession.

34) Regards sur l'avenir. La lutte contre l'usage des moteurs thermiques ?

35) Janvier et février 2018 : deux zones conchylicoles fermées sur la côte Ouest du Cotentin.

36) Les textes médicaux : ce qu'ils enseignent.

37) Des services de l'Etat incompétents ?

38) Norovirus trouvés dans les prélèvements du 7 février.

39) Relations sur la côte entre gastro-entérites et consommation d'huîtres.

40) Mes expériences sur le terrain.

41) Les huîtres crues.

42) Les témoignages de la Presse (J.O d'hiver, Angleterre).

43) « Plan européen d'évaluation de la prévalence de norovirus dans les huîtres. ».

44) Quelques résultats de recherche de norovirus.

45) Espoirs et consolations

Bibliographie de l'auteur..**Page 142**

L'AUTEUR

Georges Quétier est né en 1934 à Blainville s/mer dans la Manche. Troisième d'une famille de six enfants, il a reçu de ses parents une éducation très traditionnelle, tant par sa mère, que par son père notaire, ancien combattant de 14-18, violemment opposé aux nazis bien avant la guerre, et membre pendant celle-ci du réseau de résistance O.C.M .

Après avoir fait des études secondaires au lycée de Coutances. Georges devance l'appel militaire pour faire son service à Madagascar. Après son rappel en Algérie, il entre en 1956 à la fac des Sciences de Paris, dont il sort licencié es sciences. Il fonde une famille à Paris, est professeur de physique chimie à l'Ecole Nationale de Commerce de Paris, entre comme ingénieur à Sud Aviation, puis à la SEPR (Société d'Etude de Propulsion par Réaction), puis enfin à l'usine du Plessis-Cheyney d'IBM, où il reste six ans.

En 1969, il quitte son métier d'ingénieur parisien, pour devenir éleveur de moules de bouchot.

Impliqué dans une vie socioprofessionnelle active pendant près de 25 ans. Il lance la culture de l'huître sur la côte ouest du Cotentin et assure pendant 15 ans la présidence de la Section Régionale Conchylicole Normande.

Il a été maire d'Agon-Coutainville de 1990 à 1995. Est père de trois filles, six fois grand-père et quatre fois arrière-grand-père, et continue à exercer en partie par plaisir une activité de conchyliculteur.

L'OUVRAGE

Ce livre a pour ambition de relater la vie mouvementée de la culture des coquillages (essentiellement des huîtres et de moules). Celle ci est en effet passée par des hauts et des bas, et a subi tout au long de son histoire, des événements tantôt favorables, tantôt destructeurs, mais toujours étroitement liés à la vie des côtes dont elle à contribué à la renommée et à son incomparable attrait.

Cet ouvrage est composé de trois parties.

La première étant plus particulièrement dédiée à l'histoire de l'élevage des huîtres et des moules. Elle se termine arbitrairement à l'époque du gel catastrophique qui s'est abattu de décembre 62 à février 63 sur les côtes françaises et a joué un rôle déclencheur pour la conchyliculture de la côte ouest du Cotentin.

La deuxième se consacre surtout aux innovations qui ont accompagné le développement de la production de moules de bouchot puis d'huîtres dans le Cotentin, à laquelle l'auteur a étroitement participé.

Enfin, la troisième est vouée à l'étude des rapports entre des conditions environnementales dégradées et les phénomènes de mortalité induits par celles-ci, observées depuis plusieurs années, sur les huîtres et les moules.

Mortalités indument attribuées, selon l'auteur, à l'action d'agents pathogènes.

Enfin, en janvier 2018 ,une dernière mésaventure vient frapper la Conchyliculture par la « fermeture », dans conditions que l'auteur considère très contestables, de deux zones conchylicoles sur la côte ouest du Cotentin.

Il y consacre un dernier chapitre, au cours duquel il expose une chronologie des opérations menées par des services techniques qui, selon lui, ont fait preuve de légèreté et d'amateurisme.

REMERCIEMENTS DE L'AUTEUR

« J'ai eu la chance d'avoir pu mener, pendant plus de cinquante ans une vie choisie de conchyliculteur. Au cours de celle-ci j'ai recueilli suffisamment d'informations sur cette profession exceptionnelle, pour avoir l'idée d'écrire cet ouvrage. Cette chance, je la dois à beaucoup d'intervenants que je remercie profondément.

« Je pense en premier lieu à ces acteurs d'une Administration qui, au moins depuis l'époque de Colbert, a su offrir aux « gens de la mer » (marins, pêcheurs puis éleveurs de coquillages), des conditions leur permettant, non seulement de vivre dignement leur activité, mais aussi de la faire prospérer.

« Sans ces Administrateurs des Affaires Maritimes de Cherbourg et leurs agents, très proches des conchyliculteurs. Sans leurs enthousiasmes, leurs compétences, et leur soucis d'apaiser, voir de vaincre les réticences d'opposants aux métiers de la mer, la conchyliculture, sur les côtes ouest et est du Cotentin, n'aurait pas présenté le développement extraordinaire qu'elle a subi à partir des années 60 tant, dans la production des moules que dans celle des huîtres.

« Et puisque j'en suis à saluer ces fonctionnaires dévoués , je ne peux oublier ceux de la Gendarmerie et leur rôle protecteur de la vie du littoral, comme, par exemple, cette prévention des vols d'huîtres qu'ils organisent avec efficacité au moment de Noël et des fêtes de fin d'année.

« Et, bien sûr, il y a ces nombreux pionniers, acteurs directs dont j'ai eu l'honneur de faire partie. Je pense, aux Goubard, aux frères Leclerc, Roland et Guy, à Georges Madeleine, Joseph Gambie, à René Binet, André Mahé, aux frères Salle, à Roger et Doudou Maudouit, à Maurice Delisle, à Auguste Lecrosnier, à Gérard et Gilbert Gallot, aux Duboscq, Guy et Antoinette, à Jean-

Pierre Devé, aux Maine, à Yvonnick Guéret, à Daniel Robert, Daniel Henry, Roger Brochard, Gérard Gervaise, René K'Dual, Martine Lalos, Jean-Claude Dalarun, à Francis Hélie, Bertrand Hamel, Alfred Desprès, Jacky Hautemanière, Patrick Perdriel, à Mme Lévesque … et à combien d'autres ?

« Beaucoup d'entre eux, hélas, ne sont plus là, et le rescapé, que je suis, salue avec émotion leurs mémoires. Ils ont pu tous, transmettre un savoir qu'ils ont su bien souvent inventer ou découvrir.

En même temps beaucoup ont fondé une famille qui perpétue actuellement leurs œuvres.

« Je pense aussi à mon épouse, Anick, au rôle essentiel qu'elle a joué auprès de moi dans la création et le développement de notre établissement, mais également à la façon dont elle a su mettre sur pied le fonctionnement de notre toute jeune activité professionnelle. Secrétaire de notre premier syndicat, elle a contribué à mettre sur pied la Section Régionale Conchylicole Normande pour laquelle elle a, notamment, fondé la publication du bulletin d'information mensuel « Pleine Mer », qu'elle a dirigé pendant plus de quinze ans.

« Dans ce Bulletin dont elle assurait, tant le choix des photos, que celui de la mise en page et d'une partie de la rédaction, figurait en bonne place la rubrique « à travers la Presse » dans la quelle elle empruntait des informations provenant de journalistes spécialistes de la vie maritime. Je pense par exemple à Roger Gougot, à Raymond Cosquéric, à Gérard Le Squérent (Ouest-France) ou à de nombreux correspondants locaux tels Michel Piguier, ou Jean Pierre Beuve.

« J'en profite ici pour remercier chaleureusement la publication « Cultures Marines » dont la lecture m'a été précieuse tout au long de ma vie de conchyliculteur et sans laquelle je n'aurais sans doute pas pu écrire cet ouvrage.

« Avec Anick, la Section organisait des réunions régulières, des débats, une présence normande dans les salons conchylicoles, des fêtes annuelles des huîtres, des bals de la conchyliculture etc. Elle réalisait et diffusait du matériel publicitaire, telle cette plaquette

« l'huître du facteur », que je viens de retrouver et dont je présente ici l'histoire , s'inscrivant dans celle des publicités pour « l'huître de Normandie ».

« Au printemps 1987, notre section a essayé de lancer la vente des huîtres par correspondance avec l'aide de « La Poste ». Notre ami et collègue Yvonnick Guéret s'était particulièrement investi dans cette opération « Chronopost ».

« Je me souviens que les P.T.T avaient souhaité que la profession lui fournisse une plaquette publicitaire sur laquelle figurerait la photo d'un facteur entrain de livrer des cageots d'huîtres.

« Il fallait pour cela un figurant, et, à la demande d'Yvonnick, j'ai accepté de jouer ce rôle.

« Il se trouve, que, par hasard, 30 ans plus tard, j'ai acheté d'occasion, une Kangoo jaune qui avait appartenu aux P.T.T.

« Pour amuser les copains, je leur déclare, en leur montrant ma photo, déguisé en facteur, que, si j'ai vieilli depuis, en revanche, je suis monté en grade à la Poste, puisqu'au lieu d'un vélo, je dispose maintenant d'une auto !

« Une petite plaisanterie que le regretté Yvonnick aurait apprécié.

C'est à tous ces intervenants que je viens de citer et qui comme Yvonnick ont accompagné une vie socioprofessionnelle intense, que je dédie avec émotion cet ouvrage qui, me semble-t-il, mérite d'être aussi le leur puisqu'ils ont fortement participé à son inspiration.

L'huitre du Facteur.

L'huitre de Normandie.

Première partie :
« HISTORIQUE »

1) <u>L'aura de sympathie dont bénéficient les coquillages.</u>

Les huîtres, mais aussi les moules et les autres coquillages bénéficient d'une aura de sympathie dont il est facile d'identifier l'origine.

Il y a, en premier lieu, les qualités propres à ces produits, tant sur les plans de la nutrition, que de la saveur gustative.

A ces qualités, sur lesquelles je reviendrai tout à l'heure, s'intègre l'attrait exercé sur les populations du bord de mer et leurs vacanciers estivants, par le milieu où ces fruits de mer sont cueillis, pêchés et récoltés.

Enfin, l'imagerie populaire et l'histoire, où les références à la consommation de ces produits sont nombreuses, contribuent à leur réputation.

2) <u>L'attrait pour le bord de mer.</u>

Les amateurs des grands espaces, appelés estran, découverts par la mer, quand elle se retire en période de grandes marées, apprécient les promenades qu'ils peuvent y faire librement sur de larges étendues de sable mouillé, dans des mares, ou sur des rochers peuplés de vie animale et végétale.

J'ai le souvenir, alors que je n'étais qu'un adolescent à Blainville, que lors des après-midi de forte marée, une bonne partie de la population de la côte, désertait les bourgades, les ateliers et les champs, pour « filer à la basse-mer ».

Ils partaient à pied, quelques uns en carriole, presque toujours en famille, munis de hottes et de divers outils de pêche, (filets à crevettes, pics à poissons plats, crochets à homards ou à congres, pelles à lançon…), trois à quatre heures plus tard, ils revenaient, fatigués mais heureux, avec quelques prises, généralement bien modestes, mais qu'ils montraient avec fierté.

3) <u>Les vacances à la plage.</u>

Avec le développement fulgurant, depuis les années 50, de l'automobile et des vacances à la mer, ce phénomène a pris une gigantesque dimension.

On peut le constater par exemple, au cours d'un dimanche d'été bénéficiant d'un fort coefficient de marée, sur la côte d' Agon-Coutainville, de Blainville ou de Gouville, où l'on ne peut plus accéder à la mer qu'à pied, car les parkings, les routes, les rues sont colonisés par une redoutable marée d'automobiles.

Et s'y ajoute le phénomène des camping-cars qui s'installent, à demeure près des dunes et de leurs plages, obligeant souvent les municipalités à prendre à leur encontre, des mesures restrictives.

Ces invasions estivales, si elles font le bonheur des commerçants, ne plaisent pas à tous :

Ainsi, les « sédentaires » accusent les « nomades-estivants » (qu'ils appellent souvent, avec une certaine condescendance, « les parisiens» ou les «horsains»), de sur-pêcher, voire de piller, les fruits de mer et de ne plus en laisser suffisamment quand ils repartent, pour les « gens du pays ».

C'est en partie pour cette raison que l'Administration Maritime, toujours très soucieuse de la préservation de la ressource (j'en donnerai de nombreux exemples ci-dessous) a pris des arrêtés fixant pour la pêche, des tailles limites et des quotas de prises.

Elle a également rendu obligatoire que les poissons pêchés par des plaisanciers aient leur nageoire caudale sectionnée afin qu'ils ne puissent être confondus et vendus (ce qui est interdit) avec les poissons des professionnels. Pour la pêche au bar, le plaisancier, au nord du 48ème parallèle, n'avait droit qu'à une seule prise en 2017, une tolérance abrogée depuis. Actuellement s'il en capture un, il doit le rejeter à la mer.

Alors la tentation est grande de tout simplement le manger. Ce qui est une forme de fraude à laquelle certains, dit-on (?) succomberaient:. En partant le matin, avec quelques amis, ils emporteraient dans leur bateau une poêle à frire et un réchaud, quelques ingrédients ainsi qu'une bonne bouteille de vin blanc, et ils n'hésiteraient pas, quand l'occasion s'en présente, de cuire et de déguster de façon conviviale le « fruit défendu ».

Un délit du même genre m'a été rapporté récemment par une amie dont je tairai le nom. Elle m'a avoué qu'elle était revenue de la pêche à pied, l'autre jour, avec dans sa hotte, quelques coquillages dont certains, pensait-elle, ne faisaient peut-être pas la taille autorisée.

En voyant de loin des gendarmes maritimes inspectant les hottes des pêcheurs revenant, comme elle, de la basse mer, elle a pris son couteau et a, sans vergogne, dégusté, sur place, ni vu ni connu, ses prises suspectes.

On plaint nos agents chargés de faire respecter les lois, d'avoir à faire à de telles incivilités !

4) <u>L'imagerie populaire.</u>

Je voudrais citer maintenant, le prestige qui entoure huîtres et moules dans l'imagerie populaire et qui contribue à l'aura que j'ai évoquée précédemment.

Qui n'a pas écouté dans de nombreuses chansons, comportant certaines allusions à ces coquillages, comme :« A la pêche aux moules- moules, je ne veux plus aller maman... », ou à ces « moules qu'on mange avec les doigts... c'est mieux... », ou encore à cette célèbre ballade irlandaise « Molly Malone », dans laquelle la petite vendeuse ambulante parcourt les rues de Dublin proclamant que ses coques et ses moules sont vivantes, avec le lancinant refrain : «Alive, Alive o !».

Qui n'a pas entendu parler avec considération de la célèbre braderie de Lille où se trouvent dégustés en quelques jours des centaines de tonnes de moules frites ?

5) <u>Petite histoire de la consommation des huîtres.</u>

Quand aux huîtres, on sait que leur prestige est adossé à une réputation historique et mondiale : Les paléontologues nous enseignent que, très tôt, dès le quaternaire, il y a des centaines de milliers d'années de cela, les hommes en consommaient de grandes quantités, comme en attestent les monticules de coquilles que l'on trouve sur de nombreux sites, depuis les côtes de l'Afrique du sud, jusqu'à celles du Danemark ou de la Scandinavie.

a. <u>Chez les Hébreux.</u>

Dans la Bible, l'Ancien Testament fait indirectement mention de la consommation des coquillages puisque dans le Lévitique (« règles relatives au pur et à l'impur» : chapitre 11, verset 2) il est précisé : « tout ce qui vit dans l'eau, sans avoir nageoires et écailles, vous le tiendrez pour immonde».

Ainsi, les conchyliculteurs sont pleins de compassion pour les Juifs orthodoxes qui se trouvent ainsi privés de coquillages et partant d'une nourriture saine et succulente parce qu'ils croient, les pauvres, que Dieu l'a déclarée «immonde» !

b. <u>Dans la Grèce antique.</u>

Les Grecs étaient de gros consommateurs d'huîtres. On connait leur « ostracisme » (étymologie-huître), sentence de bannissement rendue contre un citoyen à la suite d'un vote public où les suffrages étaient inscrits sur des coquilles d'huîtres.

c. <u>A Rome.</u>

Les anciens Romains tenaient l'huître en haute estime et leurs textes vantent leur qualité :« L'huître chère aux gourmets, bienfaisante, qui excite au lieu de rassasier; tous les estomacs te bénissent », écrit Sénèque.

Ils en faisaient venir des côtes de leur vaste Empire, en appréciant tout spécialement celles de Grande-Bretagne et de la Gaule.

L'empereur Vitellius les aimait passionnément et s'en faisait servir quatre ou cinq fois par jour et les vomissait ensuite pour avoir le plaisir d'en avaler de nouvelles !

d. <u>En France.</u>

L'huître y a toujours été très appréciée et des témoignages savoureux en attestent.

Henri IV affectionnait particulièrement celles de Cancale et n'hésitait pas, dit-on, à en avaler, coup sur coup, plus de 20 douzaines.

Le maréchal Juneau, chaque matin, s'en faisait servir 200 avant de déjeuner. Brillat-Savarin, magistrat et écrivain, auteur de l'ouvrage gastronomique :« la physiologie de l'huître» (1826), rapporte qu'il connaissait de nombreux bons vivants qui, avant leur repas, en ingurgitaient 12 douzaines. Il raconte qu'en 1798, il avait invité à dîner le Greffier du Tribunal de Versailles, un fervent amateur d'huîtres, afin de lui en faire déguster à loisir.

Il déclare lui avoir tenu compagnie jusqu'à la troisième douzaine, et qu'ensuite son invité continua seul jusqu'à la 32ème et qu'il poursuivit ensuite son repas, « avec la vigueur et la tenue d'un homme qui aurait été à jeun».

En 1853, d'après le dictionnaire Larousse, il s'en est consommé à Paris environ 100 millions.

e. <u>A Londres.</u>

Au XIX siècle Londres était aussi un grand centre de consommation. Au marché de Billingsgate étaient livrés chaque année 500 millions d'huîtres dont une grande partie était consommée dans les rues même de Londres où un millier d'Oyster-shops les offraient à leurs clients sous forme de beignets.

f. <u>Aux U.S.A.</u>

A cette époque, les Etats-Unis étaient de loin les plus gros producteurs et consommateurs d'huîtres, c'est pourquoi le gouvernement français décida, en 1862, d'y envoyer une mission d'information. Il en chargea de Brocca, capitaine du port du Havre.

Richemont, Baltimore, Philadelphie, New York, Fairhaven, Boston, Providence étaient les centres d'un commerce considérable que de Brocca chiffre à 200 millions de boisseaux, soit pour une moyenne de 20 huîtres par boisseau, à 4 milliards d'unités. *« Rien qu'à New York, écrit-il, on consommait 19 000 boisseaux d'huîtres par jour (380 000 huîtres) ! Et il n'est guère de famille un peu aisée dans les villes du littoral qui n'en serve un plat à chaque repas. La soupe aux huîtres est une des préparations que les Américains affectionnent le plus et il leur est assez habituel, pendant la saison d'hiver, d'aller en manger dans les oyster-houses en sortant du théâtre. Elle est tellement populaire qu'elle s'est introduite jusque dans les grands bals où elle apparaît inévitablement vers le matin pour réparer les forces des danseurs. »*

Richemond expédiait non seulement des huîtres vivantes, mais aussi de la « viande d'huître », c'est-à-dire des huîtres extraites de leurs coquilles.

Des centaines de femmes y étaient employées à les décoquiller et à les mettre en boîtes qui étaient expédiées dans toute l'Amérique du nord, jusqu'en Californie.

Une pêche considérable alimentait cet énorme commerce ostréicole. Parmi les principaux centres de celle-ci, de Brocca cite la Baie de Chesapeake (elle sera 100 ans plus tard, pour cause de pollution, déclarée zone morte, aucune vie ne pouvant plus s'y développer pour cause d'absence d'oxygène !).

6) <u>Assaisonnements, boissons accompagnant la consommation des huîtres.</u>

Les huîtres, qu'elles soient cuites ou crues, ne se dégustent pas sans précaution.

Beaucoup prétendent que, pour l'huître crue, le meilleur des assaisonnements est encore l'eau qu'elle contient. Certains y ajoutent du citron ou une vinaigrette au du poivre et à l'échalotte. Mais les vrais amateurs voient dans ces additions de simples hérésies, car ce qu'ils préconisent est essentiellement l'emploi d'une boisson généreuse et conviviale.

Un vin blanc sec a généralement la préférence, mais le champagne et même les vins rouges ont aussi leurs partisans. Chez les anglo-saxons la boisson favorite des amateurs d'huîtres est la bière. Les Irlandais utilisent le Whisky, les Ecossais l'Usquebaugh, les Hollandais un verre de genièvre, ce qui fait dire au dictionnaire Larousse (auquel j'ai emprunté ces informations) « que, sous ce rapport, l'huître est la créature la plus accommodante du monde. »

7) <u>Qualités propres aux coquillages:</u>

Le conchyliculteur, à la différence de l'agriculteur, ne peut intervenir pour améliorer, et modifier en quoi que ce soit, le milieu qui nourrit ses élevages. Battu par les vagues et les courants, celui-ci ne reçoit ni engrais, ni pesticides, ni fongicides ou autres adjuvants d'aucune sorte. Ses huîtres et ses moules sont d'une certaine façon des produits « biologiques », sans avoir besoin, évidemment, d'être classés comme tels.

L'huître comme la moule est riche en oligo-éléments. De plus, dans l'huître crue, la teneur en vitamine est élevée de telle sorte qu'autrefois, quand la nourriture n'était pas aussi diversifiée qu'elle l'est actuellement, sa consommation pouvait suppléer à de nombreuses déficiences.

C'est ainsi que selon le médecin Marc Paget de la faculté de Bordeaux, cité par Ranson dans son ouvrage « la vie des Huîtres » (1943), « *l'huître était réputée avoir une heureuse influence dans les états de dénutrition chez les enfants, les adolescents, les vieillards, dans les anémies, dans les maladies de carence, dans les infections du tube digestif, dans les dyspepsies hyposthéniques et hypersthéniques, dans la dyspepsie des cancéreux, dans les infections intestinales, dans l'insuffisance hépatique et chez les tuberculeux* » (Ouf ! Rien que cela !!).

Et j'ai connu un ostréiculteur d'Arcachon qui prétendait que la grande longévité des habitants de son quartier était due à la conjonction de deux fortes consommations : celles des huîtres et celle du vin de Bordeaux.

8) <u>L'huître d'élevage : un puits à carbone.</u>

La partie la plus massive de l'huître est sa coquille constituée de carbonate de calcium Co3Ca ou calcaire. La comparaison des masses moléculaires montre, que pour 1000g de calcaire, l'ensemble « C » plus deux « O », faisant partie de celle-ci, pèse 440g.

Ainsi, la formation d'un kilo d'huîtres retire au système « eau-atmosphère » 440g de CO_2, gaz à effet de serre. Bien évidemment, l'ostréiculture, comme toute culture, consomme, pour sa production et sa commercialisation, du carburant et de l'énergie émetteurs de CO2, mais il y a tout lieu de penser que le bilan global est très fortement positif : le « retrait » dépassant largement « l'addition ».

9) L'huître aphrodisiaque ?

Quand aux qualités aphrodisiaques des huîtres, elles ont souvent été proclamées, et on attribue à l'abus des huîtres le libertinage auquel se livraient les anciens Romains.

Casanova au XVIIIe siècle, en dévorait une cinquantaine par soirée en buvant du punch. Il prétendait que cela renforçait la vigueur de ses exploits sexuels avec ses maîtresses vénitiennes.

Un jour une amie et cliente, en m'achetant un cageot d'huîtres, évoqua cette vertu, supposée de l'huître et je lui ai fait part de mon prudent scepticisme.

Quelques jours plus tard, en me rencontrant, elle m'assura que « j'avais tout faux !», son « expérience» ayant été, «très satisfaisante».

Malheureusement aucune preuve sérieuse scientifique n'est jamais venue étayer la thèse de cette valeur aphrodisiaque de l'huître, car aucun essai clinique n'a été réalisé sur ce sujet (comme je l'ai souvent réclamé, en vain, au cours des réunions du Comité Interprofessionnel Conchylicole à Paris).

Et pourtant, si un tel essai avait été effectué, et si ses résultats s'étaient avérés positifs, on imagine l'avantage commercial dont la profession aurait pu bénéficier !

10) La production des coquillages.

Avant de déguster les coquillages, il faut les produire. C'est l'objet de la conchyliculture et de la pêche.

La conchyliculture est essentiellement la culture des huîtres et des moules, celle des palourdes étant restée marginale.

Je n'évoquerai pas ici la culture de l'huître perlière qui se pratique dans les eaux suffisamment chaudes du Pacifique, qui permettent à l'huître de produire de la nacre qui donne aux perles leur aspect incomparable.

En bonne logique, les coquillages étant des animaux, on devrait parler exclusivement d'élevage, mais on a pris l'habitude, quand les soins du professionnel s'exercent sur une masse d'animaux non individualisés, de qualifier son action de « culture ». Ainsi l'apiculture est l'élevage des abeilles.

En fait, les moules et huîtres sont produites à la fois par la pêche et par la conchyliculture. La distinction entre elles s'apparente à celle existant entre la cueillette et l'agriculture.

11) <u>Conchyliculture et pêche.</u>

Ces deux activités sont proches l'une de l'autre, d'abord, parce que, comme on va le voir ci-dessous, la pêche des coquillages a non seulement précédé leur culture, mais elle lui a aussi donné naissance; ensuite parce qu'elles s'exercent l'une et l'autre sur des territoires publics.

a. <u>Le Domaine public maritime (DPM).</u>

La mer, domaine de la pêche, n'appartient à personne (même si les Etats se sont entendus entre eux sur le contrôle de zones nationales).

Il en est de même pour les emplacements sur lesquels se sont installées les exploitations conchylicoles.

Ils font partie du DPM inaliénable, ne peuvent être privatisés et ne bénéficient que d'une « autorisation d'exploitation » ou concession.

Cela permet de comprendre la cohabitation existant entre, d'une part les professionnels (pêcheurs ou éleveurs de coquillages) et d'autre part l'Administration Maritime qui exerce une tutelle sur leurs activités.

En France, cette tutelle a été particulièrement précisée et mise en œuvre par Colbert. C'est ainsi qu'il a créé l'ENIM (Etablissement National des Invalides de la Marine).

A l'origine, le but de cet organisme était de fournir aux marins de la flotte de guerre française « La Royale », une assurance leur garantissant de pouvoir bénéficier, pour eux et leur famille, d'une pension en cas de blessure ou de mort au combat.

Le système de protection sociale de l'ENIM, (le premier au monde), s'est perpétué jusqu'à nos jours, et la sollicitude de l'Administration Française pour la santé et le bien-être de ses marins et ses « gens de mer », s'est étendue à la prospérité de leur activité, comme j'en présenterai des exemples dans cet ouvrage.

Quand aux concessions, on peut préciser ici qu'elles sont octroyées selon une procédure bien réglementée et bien rôdée.

Les demandes sont d'abord soumises à une enquête publique, affichée en mairie et au centre local des Affaires Maritimes (par exemple à Cherbourg).

Toute personne, tout représentant d'association et toute collectivité locale peut y exposer les raisons justifiant une opposition à l'exploitation projetée.

Ces demandes, avec leurs éventuelles oppositions, sont présentées devant une commission dite « Commission de cultures marines » qui les examine soigneusement.

Cette commission est composée de représentants de diverses administrations, telles celles responsables de la sécurité de la navigation en mer, de celle de la pêche à pied ou en bateau, ou de la salubrité de la zone concernée par la demande.

Des professionnels de la pêche ou de la conchyliculture en font également partie.

Elle est présidée par l'Administrateur de la Marine qui représente l'Etat (et bien évidemment le Préfet).

C'est lui qui, en dernier ressort arbitre les discussions et le choix final en tenant essentiellement compte de l'intérêt général.

Si certaines oppositions sont dignes d'intérêt et prises en compte, d'autres, jugées irrationnelles se trouvent rejetées par la commission.

Ainsi, lors des premières demandes de bouchots sur la côte ouest du Cotentin, certains « défenseurs de la nature » avaient affirmé que l'installation de pieux à moules sur l'estran finirait par amener sur le sable des plages, des coquilles de moules mortes, sur les quelles les pieds des baigneurs estivants viendraient se blesser. D'autres assuraient que l'alignement des pieux à moules allait gravement nuire à la beauté des paysages marins.

Et c'est ainsi que grâce au bon sens de l'Administration et à son soucis d'accepter le dialogue avec tous les opposants, quels qu'ils soient, que la conchyliculture dans le Cotentin, a pu se développer prodigieusement en seulement quelques années.

Je me souviendrais toujours de cet Administrateur, qui dans les années 70, en parlant des Bouchots d'Agon, avait utilisé le pronom possessif : «mes bouchots » !

Une appropriation verbale symptomatique, et bien sympathique.

b. <u>De la pêche à la culture : les « claires », la « spéciale », une proto-ostréiculture.</u>

Les spécialistes nous assurent, qu'il y a environ 10.000 ans, les hommes ont, peu à peu, remplacé la cueillette et la chasse par l'agriculture et l'élevage, et que, ce faisant, de nomades-chasseurs suivant les migrations de leur gibier, ils se sont sédentarisés en créant des Sociétés avec ses lois et ses règles.

Pour les coquillages, le passage de la cueillette (la pêche), à la culture « conchyliculture » s'est produit beaucoup plus récemment et dans des conditions très différentes.

En effet la pêche des coquillages n'a pas cessé de se moderniser de telle sorte qu'elle cohabite toujours avec succès avec la conchyliculture dans diverses régions et différents secteurs.

A côté de la pêche à pied individuelle est née une pêche à pied collective à partir de charrettes tirées par des chevaux ou de petits bateaux s'échouant à marée basse.

Est apparue aussi l'utilisation de dragues tirées par de petits canots manœuvrés à l'aviron, puis par des bateaux puissants, à voiles puis à moteurs.

En même temps, s'est fait sentir le besoin de stocker les produits pêchés afin d'adapter, à la demande régulière de la clientèle, un approvisionnement aléatoire, puisque lié à l'état, trop souvent imprévisible, de la mer.

Des parties hautes de l'estran ont ainsi très rapidement octroyées par l'Administration Maritime et utilisées à cette fin.

Cet entreposage qui permet d'avoir un accès constant aux produits pêchés, avait dans certains cas, cerise sur le gâteau, l'avantage d'améliorer la qualité des produits stockés .C'est ainsi par exemple qu'à Marennes dans des bassins appelés « claires», les huîtres s'affinaient et pouvaient même, quand elles y étaient suffisamment espacées, y devenir charnues et mériter l'appellation « spéciales ». Cette appellation a fait l'objet d'une norme qui garanti au consommateur, un rapport chair, coquille limite. Inutile de préciser, que la « spéciale », est considérée « la reine de l'huître » dans les grands restaurants.

En passant, signalons que c'est bien à tort que certains qualifient la « spéciale », d'huître « grasse ». En fait elle ne contient pas de graisse, mais, dans son tissu conjonctif, un excès de glycogène, un sucre de la famille de l'amidon, qui, en atténuant le goût du sel, fait paraître l'huître plus douce.

Ainsi, depuis très longtemps dans la région de Marennes, la pêche aux huîtres a alimenté des parcs de stockage-claires, en créant ainsi une espèce de proto-ostréiculture qui, après l'invention de la véritable ostréiculture, est venue s'intégrer dans son cycle de production.

Quant à la pêche, il faut préciser ici que les pouvoirs publics ont toujours eu à cœur de la réglementer sur les bancs naturels, afin d'en préserver la productivité.

En règle générale celle des huîtres était interdite pendant la période de reproduction soit du 30 avril au 30 septembre (les fameux mois sans R).

Au-delà de cette période, elle était libre sur les bancs naturels situés « hors baies » ou à plus de trois milles des côtes.

Et sur ces bancs « autorisés », les préfets maritimes fixaient par arrêtés, des dates d'ouverture et de clôture très restrictives.

Ainsi, à Tréguier en 1873, la pêche ne fut autorisée qu'une journée, le 31 janvier , 4 millions d'huîtres y furent pêchés ce jour là, en majeure partie par 527 canots équipés de dragues, une par canot, et manœuvrés à la rame par un équipage de trois à cinq personnes.

Photo extraite de l'Illustration du 11 octobre 1873.

Avec le développement de la pêche en bateau à la drague, la liaison entre la pêche et le stockage s'est intensifiée.

Ainsi les magnifiques Bisquines, voiliers de Granville et de Cancale (près de 500 en 1889), ont contribué à alimenter les parcs de stockage du golfe normano-breton jusqu'en 1920.

Ainsi, aux U.S.A., en 1863 à Fairhaven, de mai à juin, 1.500 marins semaient, sur les bancs de Long Island, 50 millions d'huîtres-mères pour repeupler ensuite d'autres emplacements (mission de Brocca).

Et depuis des décennies, à Yerseke en Hollande, des bateaux sophistiqués pêchent encore de nos jours, du naissain de moules sur des bancs de captage pour les ré-immerger immédiatement sur des bancs de pousse, qu'ils draguent ensuite lorsqu'elles deviennent adultes.

12) <u>La Conchyliculture proprement dite.</u>

a. <u>Invention de la mytiliculture, ou culture de la moule, par Patrick Walton.</u>

L'invention de la mytiliculture est très ancienne.

Une très vieille légende assure qu'en 1235 un navigateur irlandais, nommé Patrick Walton, fit naufrage sur les côtes de la baie de l'Aiguillon (Vendée).

Comme il était sans ressources, il s'employât, pour subsister, à capturer des oiseaux avec des filets maintenus par des poteaux qu'il avait fichés dans la vase.

Il constata que ces poteaux s'étaient couverts de petites moules sauvages qui, en grossissant, devenaient succulentes et bien supérieures aux moules poussant sur le sol voisin. Il venait ainsi d'inventer la culture des moules sur pieux dont les alignements ont pris le nom de « bouchots ».

Dans la baie de l'Aiguillon, les pêcheurs ont aussitôt suivi son exemple.

De nos jours, avec le développement des transports, du naissain capté sur des cordes en fibres de coco, dans la Baie de l'Aiguillon ou dans l'île de Ré, est par exemple, transféré sur des pieux à Agon ou à Pirou dans la Manche.

Par ce déplacement de petites moules sur cordes (le naissain), à partir de leur lieu de captage, jusque sur des pieux, le mytiliculteur fournit aux larves de moules, présentes initialement dans l'eau de la mer, puis fixées sur les fibres de la corde, un support suffisant pour qu'elles puissent se développer librement. Ainsi une règle fondamentale de la conchyliculture est respectée : toujours procurer aux coquillages d'élevage une place suffisante pour en permettre une croissance harmonieuse.

En passant, je signale qu'il existe en Europe deux espèces de moules : l'Edulis et la Galloprovincialis. La première domine sur les côtes océaniques, tandis que la deuxième apprécie tout particulièrement les eaux chaudes comme celles de la Méditerranée ou de la baie de Vigo en Espagne. Elles se distinguent par leurs formes et leurs tailles (la Gallo étant nettement plus large et plus grosse que l'Edulis).

L'élevage de la moule Edulis se pratique en France, sur bouchots, mais aussi depuis peu et de façon plutôt marginale, sur des filières flottantes (et en Hollande, comme on vient de le dire, sur des bancs immergés).

La moule Gallo est cultivée dans la baie de Vigo, sous des radeaux, et en Méditerranée sous des flotteurs divers.

b. <u>Invention de l'ostréiculture par Victor Coste en 1858.</u>

Jusqu'au XIXème siècle, les bancs naturels d'huîtres plates régnaient sans concurrence sur toutes les côtes d'Europe, à l'exception de celles du Portugal où elles cohabitaient (sans aucun problème), avec les huîtres creuses « Angulata », dites encore « Portugaises ».

On a vu que le dénuement d'un individu se trouve à l'origine de la première conchyliculture, celle de la moule sur bouchots. C'est un autre dénuement, une pénurie dans le commerce de l'huître engendré par l'épuisement général des bancs naturels d'huîtres dans les années 1850, qui va contribuer à l'invention de l'ostréiculture.

Afin de lutter contre cette pénurie de l'huître, l'Administration Française décide d'intervenir, et en 1852, Napoléon III nomme, à la tête d'une mission d'étude sur la « production naturelle des bancs d'huîtres », Victor Coste, membre de l'Académie des Sciences et spécialiste d'embryologie.

En 1855, sur sa demande, Coste est envoyé en mission près de Naples, où, depuis l'époque romaine, dans le petit lac de Fusaro, subsistaient quelques traces d'une proto-ostréiculture très confidentielle.

A son retour Coste préconisa dans son rapport, d'effectuer un essai de captage de petites huîtres dans la baie de Saint-Brieuc.

Les Autorités Maritimes mirent alors à sa disposition, pour cette expérience, deux avisos de la Marine Nationale : l'Ariel et l'Antilope (navires à roues, car à l'époque l'hélice n'était pas encore inventée pour la propulsion des bateaux à vapeurs).

Ces avisos, qui naviguaient aussi à la voile, étaient chargés de contrôler que les voiliers dragueurs d'huîtres respectent bien la réglementation. Ils étaient aussi utilisés pour l'assistance aux navires en difficulté.

Aviso Antilope surprenant des bateaux draguant l'huître sur des bancs interdits (Extrait de l'Illustration 11 octobre 1873)

Avec ces deux navires, Coste prépara le sol marin de cette baie de Saint-Brieuc : des coquilles propres y furent déposées sur des bancs soigneusement choisis, nettoyés et bien balisés. Des fascines « fagots de branchages » lestées de pierres, y furent ensuite immergées en mars et en avril. En octobre 1858 ces fascines furent relevées.

Succès total : elles étaient couvertes de centaines de millions de petites huîtres qui ont été aussitôt récoltées et réparties dans des parcs de la côte bretonne : l'ostréiculture moderne était née !

Signalons en passant que, par un curieux hasard, deux mois seulement après avoir effectué sa mission si essentielle pour l'ostréiculture, l'Antilope, parti de Granville pour assister un navire en difficulté, viendra s'échouer, par un temps très brumeux sur les rochers de Blainville, de telle sorte que les restes de son épave (essentiellement le vilebrequin qui actionnait ses roues) finissent de rouiller en balisant l'ouest de ce qui sera l'une des premières zones ostréicoles françaises.

La fin de l'Antilope sur son Rocher

Photo de Sophie Vayer

Pour la petite histoire, on peut rappeler, aussi qu'à la même époque où Coste commençait ses travaux, un maçon de l'île de Ré avait par hasard, mis à jour dans son île, le principe du captage et de l'élevage des huîtres que le savant cherchait à mettre au point.

Hyacinthe Bœuf, tel était son nom, était détenteur d'un parc en mer dans lequel il se proposait de stocker des huîtres qu'il voulait acheter en Bretagne (il n'y avait alors aucune production d'huîtres sur l'île de Ré).

Il eut l'idée de clôturer son parc par un mur de pierres sèches.

Quelle ne fut pas sa surprise de constater, quelques mois plus tard, que les pierres de son enclos s'étaient couvertes d'une multitude de petites huîtres. Il retira ces pierres, une à une, pour les placer à plat sur le sol de son parc où les huîtres se développèrent vigoureusement.

Il venait ainsi, en même temps que Coste, de créer la première entreprise ostréicole française et fut immédiatement copié par ses collègues de l'île de Ré.

Il n'en reste pas moins vrai qu'il revient à Coste, par son expérimentation magistrale et convaincante, par ses efforts et par son enthousiasme pour la mettre en pratique sur toutes les côtes de France, de pouvoir être considéré comme le père de la Conchyliculture moderne.

Et ce fut l'honneur de l'Administration Française (et de Napoléon III) de l'avoir constamment encouragé et soutenu dans ses efforts.

13) <u>Capteurs de naissain d'huître.</u>

La réussite de l'expérience de Coste en baie de Saint-Brieuc, tout comme les résultats obtenus dans l'île de Ré, ont suscité de nombreuses vocations et beaucoup de parqueurs se sont lancés dans l'invention, la fabrication et l'utilisation de capteurs de naissains d'huîtres, qu'ils ont placés sur des bancs naturels :

-Fascines semblables à celles utilisées par Coste à Saint Brieuc.

-Cadres en bois faciles à poser et à démonter.

Et, vers 1865, dans le bassin d'Arcachon, un « collecteur » utilisant des rangées de tuiles est inventé. appelé « ruche », il va, peu à peu, supplanter tous les autres types de captage.

Photo d'une « Ruche » à Arcachon

(Extrait de l'Illustration du 30 janvier 1892)

Il sera perfectionné plus tard par le chaulage de ses tuiles, facilitant la récolte du naissain par grattage et restera encore pratiqué de nos jours avec des collecteurs en plastique (tubes, collerettes, etc.).

14) <u>La «règle d'or» de la Conchyliculture : l'éclaircissement.</u>

Dans la nature, pendant la période du frai, variable selon l'espèce et la latitude, les coquillages émettent des millions de gamètes, (ovules femelles et spermatozoïdes mâles).

Leur conjugaison dans la mer donne des larves qui, après une vie libre au gré des vagues et des courants (vie appelée « pélagique ») cherchent à se fixer sur des supports solides, généralement des rochers propres,(je passe sur l'exception de l'huître plate qui garde quelque temps ses larves à l'intérieur de sa coquille pour les rejeter ensuite à la mer).

Les larves qui ont réussi à échapper aux prédateurs (qu'elles côtoient dans le plancton), une fois fixées sur leur support, ne sont pas pour autant tirées d'affaire :

La plupart du temps elles sont en surnombre sur leur support, de telle sorte que beaucoup s'en détachent, tombent sur le sol et généralement périssent noyées dans la vase ou dévorées par des crabes ou des poissons.

Celles qui restent sur leur rocher sont encore trop tassées les unes contre les autres. Elles végètent sans pouvoir atteindre la taille adulte.

L'intervention du conchyliculteur corrige ces faiblesses de la nature :

Comme nous venons de le voir avec l'élevage de la moule, celui-ci sépare en effet, et en même temps contrôle, les fonctions de captage, des fonctions de croissance successives, jusqu'à l'obtention de la taille adulte (commerciale).

Il va tout d'abord proposer aux larves désireuses de se fixer, des supports artificiels. Collecteurs judicieusement choisis permettant, une fois le captage réussi, d'y recueillir la semence. Pour les moules il s'agit de cordes de coco. Pour les huîtres de divers collecteurs tels que ceux que nous venons de citer.

La première récolte de naissains d'huîtres sera replacée sur de nouveaux supports offrant aux petites huîtres une surface plus importante afin qu'elles puissent s'y développer plus à l'aise.

Cette opération « d'éclaircissement », qu'on a évoqué ci-dessus pour les moules, est bien la règle d'or de la conchyliculture. Elle va se répéter autant de fois qu'il le faudra jusqu'à ce que les huîtres atteignent leur taille adulte (dite encore « marchande »).

Bien évidemment l'ostréiculteur, à chaque opération, va se montrer très exigeant, non seulement sur la qualité du support choisi, mais aussi sur le choix du milieu dans lequel il va le placer.

15) <u>L'arrivée en France de l'huître Portugaise.</u>

Je voudrais évoquer ici un épisode remarquable de la Conchyliculture française qui s'est passé quelque 10 ans seulement après l'expérience de Coste.

En effet, l'affaiblissement des bancs d'huîtres plates en 1850, (et la pénurie qui en a résulté), n'a pas seulement eu pour conséquence d'inciter Coste à entreprendre ses travaux, elle a aussi suscité un intérêt certain pour l'importation, dans le bassin d'Arcachon, de l'huître creuse « Angulata » en provenance du Portugal.

Cette importation, autorisée par l'Administration Maritime, devait en principe, rester confinée au bassin d'Arcachon, mais un évènement imprévu va anéantir cette précaution.

En mai 1868, le bateau « le Morlaisien », patronné par le capitaine Patoiseau, et chargé d'huîtres portugaises, cherche à entrer dans le bassin d'Arcachon.

Il est alors pris par une violente tempête qui lui interdit d'en utiliser les passes. Il est obligé de se réfugier, avec sa marchandise, dans le golfe de la Gironde.

Mais la tempête s'éternise et ses huîtres commencent à crever.

Les Autorités Sanitaires interviennent et donnent l'ordre à Patoiseau de se débarrasser de sa cargaison pestilentielle. Il la rejette entre Saint-Cristoly et le Verdon.

En fait, quelques huîtres de sa cargaison vont survivre puis se multiplier, et c'est ainsi qu'en 1871, des bancs d'huîtres creuses portugaises « angulata » envahissent les côtes de la Gironde.

Elles continuent à prospérer, et en 1875, c'est toute la Charente-Maritime qui se trouve envahie. La « Portugaise » immigrée, prenant la place de l'huître Plate, autochtone, apparemment moins prolifique qu'elle !

Les producteurs bretons, craignant pour la survie de leur huître plate et du grand savoir-faire ancestral y étant lié, demandent à l'Administration Maritime d'intervenir.

C'est ainsi que celle-ci prendra un arrêté interdisant la culture de la Creuse portugaise au nord de la Vilaine, avec toutefois quelques dérogations pour certains centres où cette culture était déjà pratiquée, comme Cancale, Saint-Vaast, Courseulles ou Regnéville.

16) <u>L'ostréiculture devient indépendante de la pêche.</u>

Le développement de l'ostréiculture naissante est prodigieux, ainsi, rien que dans l'île de Ré en 1863, soit 4 ans après son invention, 2.000 ouvriers sont employés sur 140 ha de parcs qui produisent 30 millions d'huîtres.

En même temps, le parcage de l'huître de pêche décline de plus en plus, qu'il soit alimenté par les pêcheurs à pied, ou par la drague de bateaux, simples canots maniés par une ou deux paires d'avirons comme on l'a vu à Tréguier, ou par des voiliers magnifiques de plusieurs tonneaux comme à Cancale, Granville, Jersey ou Plymouth, tirant plusieurs dragues.

Cutters pêcheurs d'huîtres de la côte de Plymouth.

(Extrait de l'Illustration 11 octobre 1873)

La guerre de 1914 et surtout la maladie de la Plate en 1920 donnent, en quelque sorte, le coup de grâce à cette magnifique pêche.

Disparaissent ainsi pour toujours, les splendides Bisquines de Granville et de Cancale et leurs rassemblements appelés « caravanes ».

Photo P.M.10 nov. 80 Cancale : départ de la caravane

Disparaît le parc de stockage de Regnéville où la comédienne Sarah Félix, sa propriétaire, sœur de la célèbre tragédienne Rachel, quittait en vacances, de temps en temps, sa villa de Coutainville pour venir avec son jeune neveu Alexandre, petit-fils de Napoléon, qu'elle venait d'adopter après le décès de sa sœur, surveiller et diriger sa production d'huîtres.

Photos dessins : P.M.79 nov.86 Parcs de Regnéville en 1900.

17) <u>La pêche à pied collective de l'huître plate.</u>

En face d'Agon-Coutainville, un très fort marnage (différence de hauteur d'eau entre la Pleine-mer et la Basse-mer) jusqu'à 15 mètres en période de grandes marées, permet de pratiquer une pêche à pied sur un large estran. Elle s'y exerçait, essentiellement, aux siècles précédents, à l'aide de charrettes tirées par des chevaux ou avec des Doris, petits bateaux utilisés pour la pêche à la morue sur les bancs de Terre-Neuve et maniés à l'aviron.

Leurs passagers étaient munis de paniers dans lesquels, à marée basse, ils ramassaient les huîtres plates qu'ils vidaient ensuite dans la charrette ou dans le Doris. Les pêcheurs à pied, notamment ceux des Doris, partaient toujours munis de provisions et notamment de boissons, car ils devaient souvent attendre que la mer baisse pour commencer leur récolte. De copieuses et joyeuses libations arrosées de trop de cidre ou de trop de « calvados », n'avaient pas grande importance pour l'équipage des charrettes, car le cheval connaissait le chemin du retour et était capable de ramener, tout seul, son monde à l'écurie.

Mais il n'en était pas de même pour la pêche en Doris et il est arrivé qu'un équipage se soit retrouvé, au lendemain matin, échoué et endormi sur les côtes de l'île de Jersey. Une mésaventure que le Bulletin Paroissial de Blainville avait, avec une indulgence bien chrétienne, attribué à un très « fort coup de vent de nordet », une expression, qui, m'a-t-on dit, a été utilisée quelque temps dans la région, avec par exemple, à la sortie d'un bistrot des exclamations du genre : « ce soir le nordet a soufflé trop fort !... Oui et on en a pris un sacré coup ! ».

Bien sûr, après la maladie de la Plate des années 1920, cette pêche sympathique, hélas, comme celles des Bisquines, n'appartient plus qu'au passé.

Pourtant, il arrive encore actuellement que des pêcheurs à pied, partis individuellement, « à la crevette ou à la praire », puissent encore ramasser, ici ou là, une ou deux belles huîtres plates qu'ils appellent « pieds de cheval ».

En passant, puisqu'il s'agit d'huîtres plates signalons aussi que depuis 2003, une « caravane d'huîtres » a été relancée :

Il s'agit d'un groupement temporaire de bateaux, autorisés, par l'Administration Maritime, (sur proposition des comités régionaux des pêches), à partir draguer les quelques rares huîtres plates qui subsistent au large, pendant un laps de temps très court et très contrôlé, toujours appelé (un clin d'œil au passé) « la Caravane de Granville » ou « de Cancale »

18) <u>Le gel de 1963.</u>

Dans les années 1960, je travaillais, ainsi que mon épouse à Paris, mais nous revenions, autant que nous pouvions, nous ressourcer sur notre côte natale à Blainville et à Agon-Coutainville. C'est ainsi que nous avons été témoins du gel de 1963 et de ses conséquences catastrophiques.

En effet en décembre 1962, janvier et février 1963, un froid épouvantable s'est abattu sur cette côte de telle sorte que la mer gelait.

En février, le gel avait coïncidé avec une grande marée, qui avait exposé un large estran, aux ravages du froid. Pratiquement tous les crustacés, tous les coquillages et beaucoup de poissons y avaient été tués. Ainsi je me rappelle avoir trouvé, échoué sur la plage, un congre moribond les yeux gelés.

A cette époque, il n'y avait sur la côte ouest du Cotentin, ni bouchots à moules, ni parcs à huîtres, donc pas de dégâts conchylicoles à déplorer comme chez beaucoup de collègues d'autres régions.

Ceux-ci ont été frappés par le gel, d'une façon bizarre. L'ostréiculture sur tables n'ayant pas encore été inventée leurs huîtres vivaient à même le sol, si bien qu'à la basse-mer, elles ont été très souvent prises dans une glace qui, à la remontée de l'eau, les a emportées par flottaison avec le courant vers le large !

La mer ayant été dévastée, dans les années suivantes, de nombreux pêcheurs normands se sont trouvés sans ressources.

L'administrateur Lebreton des Affaires Maritimes de Cherbourg, les a alors réunis et incités à se reconvertir dans la mytiliculture en s'inspirant des implantations toutes récentes de bouchots plantés par des Charentais dans la baie du Mont-Saint-Michel, au Vivier-sur-Mer.

Beaucoup de pêcheurs de Granville à Agon ont suivi ses conseils et c'est ainsi que la côte ouest du Cotentin s'est peuplée de longues lignes de pieux à moules, ces fameux bouchots.

J'ai assisté à cette évolution, et y ai participé à partir de 1967.

Extrait de « Pleine Mer » février 92 : Bouchots à moules.

Deuxième Partie :
« MON EXPERIENCE »

1) <u>Mai 68</u>

Il me faut préciser ici, pour la compréhension du récit, que mon épouse et moi sommes originaires de la côte ouest du Cotentin et que, tout en étant devenus des parisiens assez adaptés à la vie de la capitale, nous éprouvions de temps en temps une certaine nostalgie de notre région natale.

C'est ainsi que nous avions construit sur la dune de Blainville, sur un cordon dunaire entre mer et marée, une baraque en bois, face à la mer, dans laquelle, en vacances ou pendant les grands week-ends, nous venions reprendre des forces, loin de la capitale.

Ma Cabane à Blainville sur Mer.

Anick état institutrice et j'étais ingénieur à l'usine d'IBM.

En mai, cette usine du Plessis Cheney dut fermer, non par suite de la grève de ses employés, ils étaient trop bien traités pour cela par la firme américano-française, mais par arrêt des approvisionnements.

Je dois avouer que je n'ai rien compris à ces événements de mai 68, et tout particulièrement aux contestations du monde étudiant dont j'avais fait partie une décennie plus tôt.

Après avoir fait, la guerre d'Algérie, m'être marié, avoir eu deux enfants, j'avais avec mon épouse d'autres soucis que la libéralisation des mœurs de la société et étions scandalisés par les slogans du genre : « Il est interdit d'interdire! », « CRS - SS ! » ou encore « élections, piège à cons !», ainsi que par certaines manifestations incontrôlées du quartier latin.

La direction d'I.B.M. avait invité ses salariés à rentrer chez eux avec cette consigne : « Tenez vous prêts à reprendre le travail dès la fin des événements » !

Je vois encore Anick venir me chercher avec les enfants, dans notre 4 CV à la sortie de l'usine pour partir en Normandie. Elle avait du franchir une énorme manifestation de jeunes collégiens, place Denfert-Rochereau, dont elle n'avait pu se libérer qu'à grand peine.

Comme il n'y avait plus d'essence dans Paris (une situation que je n'avais absolument pas vu venir), nous n'avions que juste ce qu'il fallait pour atteindre le péage de l'autoroute A 13, où, après une queue interminable, on a bien voulu nous octroyer quelques litres sauveurs.

Avec ceux-ci nous avons pu atteindre, en Normandie, une station-service qui nous a proposé autant d'essence que nous voulions.

Nos étions sauvés et assurés de pouvoir arriver sur la côte, à Blainville sur mer, dans notre baraque.

Le lendemain matin, sur la plage d'Agon-Coutainville voisine, avait lieu une course de Zodiacs !

Nous avons alors compris, qu'en une demi-journée, nous avions changé de monde !

Nous pensions que l'arrêt de l'économie serait momentané.

Il a tout de même duré un mois, que j'ai employé, avec mon épouse à planter des pieux à moules sur le littoral d'Agon, sur une concession que je venais tout juste d'obtenir.

La fin de la « révolution » arrivée, je suis rentré à IBM et peu de temps après, ai pris le mois de vacances auquel j'avais droit, que j'ai employé, comme le précédent à la plantation de mes bouchots et à leur ensemencement.

L'année suivante, Annick et moi étions à la tête d'une bonne production de moules que nous pouvions vendre au MIN (Marché d'Intérêt National) de Rungis, qui venait juste d'ouvrir en remplacement des anciennes halles de Paris.

C'est alors que nous avons décidé d'abandonner notre vie parisienne et de revenir définitivement au pays.

2) <u>Organisations professionnelles.</u>

J'ai compris rapidement l'importance des organisations professionnelles qui se trouvaient être les interlocuteurs privilégiées des conchyliculteurs auprès des Autorités Maritimes.

Coiffés par une organisation nationale, le Comité Interprofessionnel de la Conchyliculture (C.I C, devenu plus tard le C.N.C, Comité National de la Conchyliculture), six « Sections Régionales » se partageaient la représentation professionnelle française : Bretagne Nord, Bretagne Sud, Pays de Loire, Poitou-Charentes, Arcachon, Méditerranée.

Comme on le voit la Normandie n'en faisait pas partie. Elle produisait pourtant déjà, outre les moules de l'ouest-Cotentin, des huîtres à Saint-Vaast et à Courseulles.

Elle était rattachée à la Bretagne Nord, dont les réunions professionnelles se tenaient à Morlaix.

Nous y assistions, mais sans aucun titre. A chaque fois nous en profitions pour y réclamer la constitution d'une représentation normande. Il nous a fallu tout de même attendre 11 ans pour obtenir gain de cause !

3) <u>Premiers développements de la conchyliculture sur la côte ouest du Cotentin.</u>

Sur la côte, l'extension des bouchots, à partir de Granville vers le nord, s'est trouvée pratiquement bloquée par l'existence à partir de Blainville de rochers sur lesquels il n'était pas possible de planter des pieux.

Par contre ces rochers étaient aptes à recevoir des parcs à huîtres. Ceci était d'autant plus évident que Francis Hélie, à Saint-Vaast, venait juste d'inventer l'ostréiculture sur tables. Je vais en parler plus loin.

Quand j'ai proposé que la zone de Blainville soit affectée à l'ostréiculture, je me suis heurté à l'opposition du président de notre syndicat professionnel qui prétendait que la côte ouest du Cotentin avait une « vocation exclusive mytilicole ». Huîtres et moules, prétendait-il, ne faisant pas bon ménage. Une opposition, qu'avec mon ami Roger Maudouit, fabriquant de doris à l'époque, et nos épouses, nous nous sommes employés subrepticement à surmonter auprès de l'Administration.

Et c'est avec beaucoup de discrétion que nous avons déposé une petite demande de concessions de parcs à huîtres à Blainville.

Après l'obtention de notre demande, quelques mois plus tard, nous sommes allés nous approvisionner en naissain d'huîtres plates dans le golfe du Morbihan. Il s'agissait uniquement de Plates, car, comme je l'ai dit ci-dessus, la Creuse était interdite au nord de la Vilaine.

Après quelques mois d'expérimentation, Roger eut l'idée de faire, tout de même, un essai avec cette huître non autorisée.

Il fut dénoncé, et un matin deux gendarmes maritimes débarquèrent pour constater l'infraction.

Heureusement Roger, qui avait beaucoup d'amis, en fut averti et, avec sa petite charrette tirée par son âne, réussit à déménager à temps, les huîtres litigieuses.

Nos débuts dans l'ostréiculture à Blainville n'étaient pas passés inaperçus. Nous avions, Roger et moi et nos épouses, ouvert une porte à travers laquelle une quantité de pêcheurs, mais aussi de cultivateurs ou des membres d'autres professions, y compris des mytiliculteurs, se sont vite engouffrés.

Avec l'aide de collègues charentais producteurs de naissain d'huîtres creuses, les nouveaux ostréiculteurs blainvillais se sont vite employés à remplir leurs parcs avec l'huître creuse interdite.

4) <u>Maladie de la creuse : l'Angulata-portugaise va être remplacée par la Gigas du Pacifique.</u>

Hélas pour eux, une terrible maladie s'est presqu'immédiatement abattue sur leurs huîtres portugaises et, à Blainville comme ailleurs, toutes ces huîtres creuses ont crevé, à 100%, sans aucune exception, les petites, les moyennes, les grosses.

Les partisans de la « vocation mytilicole exclusive » triomphaient : « on vous l'avait bien dit…il ne fallait pas… ».

Heureusement pour l'ostréiculture française, les Autorités Maritimes ont réagit rapidement, et, au cours d'une réunion, tenue à La Tremblade, en avril 1971, elles ont décidé de lancer en France l'implantation d'une nouvelle espèce d'huîtres creuses, l'Ostréa Gigas du Pacifique.

Quelques dizaines de tonnes de ces huîtres « Gigas » ont ainsi été importées de la côte ouest du Canada pour être immergées dans le bassin d'Arcachon.

Dès l'automne 1971, le succès était assuré. Parallèlement l'importation de naissains de Gigas en provenance du Japon fut encouragée. C'est ainsi que je me suis trouvé adhérant d'une coopérative de Bretagne Sud, au Tour du Parc-Pen Cadénic, dont le président Bastille organisait des achats de naissains d'huîtres japonaises fournis par la société Marubeni.

Bien évidemment les interdictions géographiques concernant les huîtres creuses sont en même temps tombées.

Et une renaissance de l'ostréiculture française s'est réalisée sous les meilleurs auspices, à Blainville comme ailleurs, avec la Gigas.

Quand à l'élevage de la plate, nous avons du, Roger et moi l'abandonner à la suite de résultats médiocres obtenus tant sur la pousse que sur la qualité.

Quand je pense à ces années 1970, avec nostalgie, je ne peux qu'être émerveillé. Elles ont été une période extraordinaire au cours de laquelle un très petit nombre de pionniers et amis, ont, pendant un laps de temps très court, découvert, redécouvert, et mis en œuvre, souvent à la suite d'expériences communes, des méthodes de cultures efficaces. Ils les ont adaptées à un nouvel environnement et en même temps les ont transformées et perfectionnées jusqu'à en faire les éléments d'une modernisation radicale de la conchyliculture française.

5) <u>L'ostréiculture en poche : l'invention de Francis Hélie.</u>

En 1970, la société Norten proposait aux ostréiculteurs des grillages cylindriques en plastique, pouvant contenir des huîtres qui, maintenues au dessus du sol, étaient soustraites au contact de la vase ainsi qu'à l'attaque des oiseaux prédateurs.

Francis Hélie, qui à Saint-Vaast-la- Hougue, venait tout juste d'expérimenter l'usage de ces grillages sur ses installations de stockage, eut l'idée de généraliser cette technique à toute sa production.

L'Armée française, qui venait de fermer une de ses casernes à Cherbourg, mettait en vente une grande quantité de lits en acier. Francis Hélie les acheta et les plaça sur ses parcs en les équipant des grillages Norten taillés à la bonne dimension et remplie d'huîtres.

Il venait d'inventer l'élevage des huîtres hors sol.

Sa technique, qui fut immédiatement copiée par ses fournisseurs et clients Charentais, allait révolutionner l'ostréiculture française.

A Blainville, les premiers ostréiculteurs ont, dans un premier temps, refusé l'usage de la table en acier. Ils pensaient qu'elle ne résisterait pas au chavirage dans les fortes tempêtes, fréquentes sur leurs rivages.

Ils avaient choisi de poser leurs poches sur des chevrons en bois fixés sur des poteaux en béton déclassés qu'ils achetaient à l'E.D.F.

Puis peu à peu, ils durent se rendre à l'évidence : les quelques tables, que je venais d'acheter à la société Bertrand à Marennes, résistaient aux tempêtes mieux que leurs installations sophistiquées.

J'ai utilisé le terme de révolution en évoquant l'élevage des huîtres en poches sur tables.

Pour bien me comprendre, il faut avoir présent à l'esprit que les huîtres étant dépourvues de moyens de locomotion, dépendent pour se nourrir de la mobilité de l'eau qui leur apporte le plancton, les sels minéraux et l'oxygène dont elles ont besoin.

Dans une poche surélevée, elles reçoivent cette eau nourricière, tant horizontalement que verticalement ; un énorme avantage sur les huîtres posées à même le sol qui doivent être régulièrement retournées à la fourche, pour être finalement récoltées au râteau, puis chargées dans des paniers.

Avec l'élevage en poches, l'intervention de l'éleveur s'est trouvée simplifiée tout en restant essentielle.

Il doit d'abord placer dans ses poches une quantité optimum d'huîtres : trop d'huîtres, et la qualité et la pousse en souffriraient ; pas assez d'huîtres, et celles-ci, trop remuées, seraient freinées par les frottements et les chocs qu'elles recevraient sous l'action des vagues.

Au fur et à mesure que les huîtres se développent, les poches se gonflent jusqu'à une certaine limite qu'il est bon de ne pas dépasser. Trop lourdes et trop remplies, elles sont ramenées à l'atelier puis reconditionnées avec des quantités plus faibles d'huîtres.

Cette opération est répétée autant de fois qu'il le faut, jusqu'à ce que les huîtres atteignent la taille commerciale. Elles sont alors triées, calibrées et stockées dans des parcs situés en haut de l'estran, prêtes aux opérations liées à la vente.

Pour chacune de ces interventions, le coup d'œil de l'ostréiculteur est déterminant.

On peut ajouter que la position de l'huître dans la poche, influe sur son aspect, sur ses performances et sur sa qualité :

Les huîtres placées dans la partie de la poche qui fait face au large, peuvent subir trop fortement l'agitation des vagues, se faire ainsi user et blanchir par les frottements et finir par accuser un retard de croissance sur leurs congénères placées dans la partie opposée et moins remuée de la poche (celle qui fait face au rivage).

Par contre, ces dernières peuvent pousser jusqu'à se prendre dans les mailles de la poche d'où il sera très difficile de les extraire ultérieurement.

C'est pourquoi, l'ostréiculteur consciencieux, devra retourner régulièrement ses poches afin d'assurer une pousse correcte et régulière de ses huîtres.

Là encore, son coup d'œil et son savoir faire sont irremplaçables.

Travail sur les tables à huitres

Avec cet élevage hors-sol, la qualité « spéciale » est obtenue sur des sites marins très riches en plancton. C'est le cas quand les parcs à huîtres se trouvent placés à proximité de l'embouchure d'une rivière ou en aval d'un marais comme celui de Carentan

(Baie des Veys, Isigny, Utah- Beach).

Des ostréiculteurs innovants ont aussi obtenu la qualité « spéciale » en plaçant leurs huîtres dans des poches tubulaires ou dans des balancelles où leurs mouvements dans l'eau se trouvent judicieusement amplifiés.

6) <u>Les écloseries.</u>

L'utilisation d'écloseries à huîtres a commencé, en France, dans les années 70, quand, à partir de technologies américaines (mises au point depuis 1920), la société Satmar s'est installée près de Barfleur, dans la Manche.

Depuis cette époque, d'autres écloseries se sont installées sur le littoral français.

Le principe de ces entreprises est de faire naître des huîtres en laboratoire, en copiant ce que la nature réalise dans la mer :

Des huîtres, mâles et femelles, sont placées dans un bassin d'eau de mer. Une élévation de la température de quelques degrés stimule l'émission de gamètes mâles et femelles qui vont se conjuguer dans l'eau en donnant des larves qui, comme dans la mer, nagent librement dans le bassin. On leur assure un approvisionnement correct en nourriture (à partir de cultures de protozoaires), en sels minéraux, en énergie lumineuse et en oxygène, jusqu'à ce que ces larves se fixent, comme dans la nature, mais sur des récepteurs suffisamment petits pour ne recevoir qu'une seule huître à la fois.

Les micro-huîtres ainsi obtenues sont l'objet de soins constants dans une « nurserie », jusqu'à ce qu'elles atteignent une taille suffisante pour être commercialisées.

Les écloseries ont apporté aux ostréiculteurs deux avantages essentiels :

Premièrement leur naissain est dit « un à un », se différenciant du naissain de captage en mer qui est livré en paquets ou collé sur des collecteurs, ce qui oblige l'ostréiculteur à procéder à un travail fastidieux de « détroquage » pour l'obtention par la suite d'individus séparés les uns des autres.

Deuxièmement, le naissain d'écloserie est constamment disponible, ce qui est particulièrement appréciable quand le captage en mer est médiocre ou fait même totalement défaut. Combien d'ostréiculteurs n'ont-ils pas entendu leur fournisseur leur déclarer : « désolé mais cette année, il n'y a pas ou très peu de naissain ! ».

7) <u>Des huîtres stériles.</u>

Enfin les écloseries offrent aux ostréiculteurs, depuis une dizaine d'années, des huîtres stériles dont les avantages méritent d'être cités.

Il faut tout d'abord rappeler que les huîtres, pendant la période de maturité sexuelle, celle des mois « sans R » (mai, juin, juillet, août), préparent puis émettent dans l'eau des gamètes, spermatozoïdes ou ovules.

Leurs tissus sont alors chargées de ces gamètes en formation ou en cours d'émission, ce qui constitue une sorte de laitance, qui, quoi qu'elle soit parfaitement salubre, n'est pas appréciée par certains consommateurs, ce qui rend l'huître peu commercialisable (j'ai connu un consommateur qui avait une bonne raison de refuser l'huître laiteuse, elle lui laissait du lait sur les poils de sa moustache) !

Pendant cette période des mois sans « R », l'huître s'affaiblit pour ne récupérer une bonne vigueur qu'en septembre.

Voilà pourquoi, avec la participation active de l'Ifremer, on va en parler ci-dessous, les écloseries offrent à leur clientèle une huître stérile qui n'est jamais laiteuse et peut donc être commercialisée facilement toute l'année.

Cerise sur le gâteau, ces huîtres, libérées du fardeau d'avoir à produire des produits sexuels, peuvent consacrer l'essentiel de leur métabolisme à une meilleure croissance de leur coquille et de leur chair.

Les diverses étapes de cette production d'huîtres stériles méritent d'être évoquées succinctement, avec un rapide rappel de quelques notions élémentaires de biologie :

8) <u>Un petit peu de biologie.</u>

Les organismes vivants communs sont formés de cellules. Dans celles-ci se trouvent des chromosomes supportant des gènes responsables des caractéristiques propres à chaque individu et à son espèce. Les chromosomes sont groupés par paires d'éléments identiques. La cellule qui les abrite est dite « à 2n chromosomes, ou encore «diploïde ».

Ces organismes végétaux ou animaux, sont tous issus d'une seule cellule originelle appelée zigote (ou œuf fécondé) qui se divise en deux, les nouvelles cellules ainsi formées, font de même, et cette multiplication se poursuit autant de fois qu'il le faut, jusqu'à ce qu'un individu complet soit constitué. Ainsi dans l'homme, il y a environ 90 milliards de cellules toutes issues d'un zigote primitif.

Au cours de ces divisions, les chromosomes se répliquent de façon à ce que les cellules-filles aient le même nombre de chromosomes identiques à ceux de leurs cellules-mères.

Cette multiplication est appelée division clonique.

Dès le début de celle-ci, les cellules produites se différentient en cellules de la peau, en cellules nerveuses, musculaires, sanguines... ainsi qu'en cellules sexuelles.

Ces dernières interviennent dans un autre type de division.

9) <u>La division sexuelle.</u>

Les individus se classent en mâles et femelles. Au moment de la maturité sexuelle, les cellules spécialisées (mâles ou femelles) se divisent chacune en deux cellules, gamètes, qui partagent la moitié des chromosomes de leur cellule mère. On les appelle haploïdes ou « à n chromosomes ». Les gamètes provenant des cellules mâles sont des spermatozoïdes, ceux provenant des cellules femelles sont des ovules.

Au moment de la conjugaison dans un milieu favorable (on dit que « le spermatozoïde fertilise l'ovule »), la nouvelle cellule (zigote) voit se rétablir le nombre pair, (2n), des chromosomes parentaux. Elle est prête à entamer une division clonique afin de constituer un nouvel individu.

Tout ce que nous venons de dire ici, s'applique évidemment aux huîtres.

Par des moyens artificiels (brevetés), les scientifiques de l'Ifremer ont réussi à faire se conjuguer des cellules diploïdes ensemble, en obtenant ainsi des cellules à « 4n chromosomes » ou tétraploïdes.

Les spermatozoïdes (« à 2n chromosomes ») de ces tétraploïdes sont actifs et peuvent fertiliser des ovules normaux, haploïdes, (« à n chromosomes »).

Leur produit (zigote à 3 chromosomes) est stérile et va pouvoir, par division clonique, donner naissance à une huître stérile.

Dans les faits l'Ifremer fournit (moyennant finances) aux écloseries des tétraploïdes afin qu'elles puissent produire des triploïdes stériles pour leurs clients.

10) <u>Les détracteurs de l'huître stérile.</u>

Comme toute innovation, celle de l'huître triploïde a ses détracteurs.

- Certains ont prétendu, en vain, que l'huître stérile était responsable de l'arrivée des surmortalités d'huîtres depuis 2008.

- Enfin beaucoup affirment que cette huître triploïde est un organisme génétiquement modifié (O.G.M.), en lui associant la mauvaise réputation liée à ce type de produits.

Cette dernière critique mérite quelques observations :

On a vu, ci-dessus, que dans les trois opérations qui ont permis l'obtention de l'huître triploïde :

- Production de tétraploïde par conjugaison de deux cellules diploïdes.

- Obtention d'un gamète diploïde issu de cette tétraploïde.

- Fertilisation d'un ovule normal (haploïde) par le gamète spermatozoïde diploïde.

Pas une seule fois l'intégralité d'un chromosome (et des gènes qu'il comporte) n'a été mis en cause.

C'est ainsi que l'on peut affirmer que l'huître stérile triploïde n'est absolument pas un organisme génétiquement modifié !

Pour conclure notre propos, disons que grâce à l'Ifremer, les écloseries offrent aux conchyliculteurs, avec cette huître stérile, un inappréciable service !

11) <u>Transports sur l'estran.</u>

Les élevages d'huîtres et de moules sont implantés sur l'estran.

Un des premiers problèmes qu'ils posent est celui du déplacement de charges lourdes sur un sol pouvant être très meuble, vaseux ou sableux, trop souvent responsable d'enlisements catastrophiques pouvant entraîner la perte de beaucoup de matériel.

Les premiers mytiliculteurs, il y a de cela des siècles, utilisaient pour se déplacer au milieu de leurs pieux un léger esquif qu'ils faisaient glisser sur l'eau vaseuse et dénommaient « Acon »

Le groupe de pionniers de la mytiliculture que nous étions en juin 69, avait choisi un lot de scout-cars américains acheté « aux Domaines ».

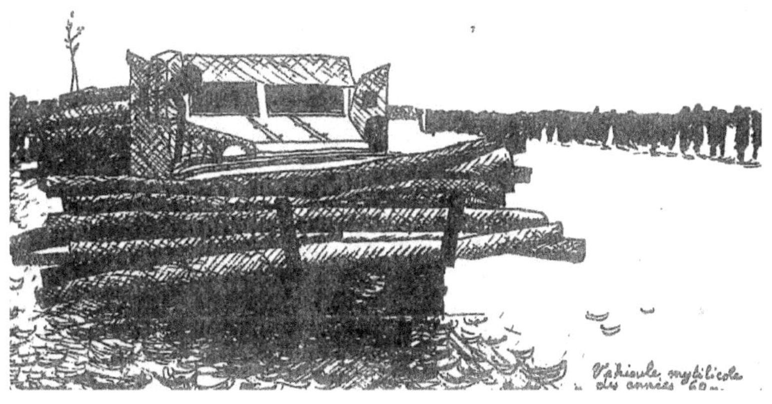

Scout CAR - dessin Anick QUETIER

C'est ainsi que je me suis trouvé, comme cinq ou six collègues, utilisateur d'un engin de la dernière guerre.

Quand je l'ai acheté, il ne manquait pratiquement que la mitrailleuse. Les pneus étaient pleins, à l'épreuve des balles, et des plaques de blindages épaisses protégeaient les passagers. Toutefois comme la guerre des six jours était encore dans les mémoires, pour éviter que nous soyons tentés (?) de vendre nos engins aux Israéliens ou aux Egyptiens, l'Administration nous avait imposé de déposer le blindage et d'en couper les plaques. J'en ai profité pour les offrir à mon ami Roger qui en fit des dérives de bateau.

Il suffisait d'enfoncer une manette sur le tableau de bord du scout-car pour que celui-ci, avec ses quatre roues motrices, ses pneus crénelés et ses six cylindres en ligne, bondisse en éloignant tout risque d'enlisement (la hantise du conchyliculteur).

Ce scout-car était extrêmement gourmand de telle sorte que les douaniers de la région venaient souvent vérifier que nous n'utilisions pas de l'essence détaxée, à laquelle nous n'avions pas droit. Un jour, où j'avais du regagner Paris pour mon travail, j'avais laissé Annick, à Blainville, terminer une opération importante sur nos cordes de naissain de moules.

Elle me téléphone, dans la soirée, affolée : le douanier qui venait de la contrôler (pour le carburant) lui avait signifié que notre scout-car ne portant pas de plaques d'immatriculation, ne pouvait plus du tout circuler. Je venais de m'inscrire au régime de la Mutualité Sociale Agricole et était en attente d'un numéro d'exploitation qui devait arriver d'un moment à l'autre. D'autre part nous nous étions donné comme consigne de ne jamais rouler sur la route, mais seulement sur l'estran. Aussi ai-je dit à Annick de fabriquer, très provisoirement, une fausse plaque où elle inscrirait sa date de naissance et ses initiales.(0236 AQ 50).Ce qu'elle a fait. Et cela a marché !

Tout récemment, cinquante ans plus tard, j'ai retrouvé, par hasard, ma fausse plaque, dans un vieux grenier…Que d'émotion !

Peu à peu, nous avons dû admettre que le scout-car n'était pas l'outil adapté à notre profession.

Car, avec l'utilisation d'un tracteur agricole, la charge utile, sur un plateau, se trouve séparée de la traction elle-même de telle sorte qu'en cas d'enlisement il est facile de les découpler, et de sauver au moins par un simple remorquage, le moteur de la noyade. C'est ainsi que nous avons abandonné nos pittoresques engins, pour les remplacer par des tracteurs agricoles d'occasion.

Cela ne nous a pas, pour autant, prémunis totalement contre le risque de laisser du matériel embourbé, se faire rattraper puis recouvrir par la marée montante, car nous l'utilisions souvent « l'eau au marche-pied ».

Dans la région, une mésaventure est restée longtemps en mémoire : celle de ce mytiliculteur parti le soir de Blainville, travailler ses bouchots d'Agon, pendant la basse mer nocturne.

Il avait emmené avec lui deux tracteurs équipés de remorques, un 4x4, et une dizaine d'employés. Après avoir embourbé tout son matériel qu'il a du laisser à la mer, il est revenu chez lui tout penaud, au petit matin, à pied, avec son personnel, tout aussi navré que lui.

12) <u>La plantation des pieux à moules.</u>

Les nouveaux mytiliculteurs de la côte ouest du Cotentin ont rapidement assimilé et mis en œuvre diverses techniques pour planter leurs pieux.

Dans les sols meubles, de sable ou de vase, ils ont utilisé le fonçage : un jet d'eau creuse un entonnoir dans lequel le pieu de chêne descend et vient s'y fixer.

Plantation de pieu à moules

Dans un sol gravillonneux, ils ont privilégié, la technique du forage avec une vrille.

Et, quand le sol est pierreux et solide, c'est un marteau, actionné par la prise de force du tracteur qui frappe et enfonce le pieu préalablement appointi.

13) <u>Le catinage.</u>

J'ai dit plus haut que la clef de la réussite du conchyliculteur était d'assurer à ses produits, moules ou huîtres un espace suffisant permettant leur développement harmonieux. C'est pourquoi, depuis l'invention, très ancienne, de la mytiliculture des moules sur pieux, les mytiliculteurs ont ressenti le besoin de renforcer la surface de leurs pieux par des branchages permettant aux grappes de moules de mieux prospérer.

Les pieux ainsi habillés de ces branchages ressemblaient, dit-on, à des poupées, de telle sorte que les gents de mer, toujours friands d'appellations pittoresques, les ont baptisés des « catins », et l'opération d'habillage de ces pieux est devenue « le catinage. »

Il semble inutile de préciser qu'en Normandie, dans les années 60, on a immédiatement opté pour le filet en polyéthylène pour remplacer les branchages.

A Agon, un présentoir de ces filets de catinage, a été rapidement mis au point et adopté par toute la profession.

Quelques années plus tard, a été lancée la cueillette à la grue.

14) <u>La cueillette des moules à la grue.</u>

Ce fut pour la mytiliculture sur bouchots, une innovation essentielle.

Elle se pratique à l'aide d'une pince manipulée par le vérin hydraulique d'une grue.

Cette invention mise sur pied par Jacques Yves Maine, mytiliculteur à Lingreville, a procuré non seulement une économie de main d'œuvre, mais aussi a généré une amélioration considérable de la qualité de la moule commercialisée.

Cueillette des moules à la grue

Ce point mérite une explication technique :

Rappelons que le conchyliculteur est astreint à livrer régulièrement ses produits à ses clients , quel que soit le coefficient de marée qui règle son accès à ses parcs en mer.

Il va donc stocker des huîtres ou des moules, sur des espaces du rivage encore accessibles en période de mortes-eaux, quand ses parcs d'élevage (huîtres), ou ses pieux (moules) restent encore immergés.

Pour l'ostréiculteur, cela ne pose pas de grands problèmes : les huîtres en poches sont facilement mobilisables. Il suffit d'en déplacer suffisamment, des parcs d'élevage vers les parcs de stockage, puis vers l'atelier de conditionnement et d'expédition.

Pour le boucholeur il en va tout autrement : les moules de bouchot vivent sur de pieux fixés de façon inamovible dans le sol. Pour assurer sa vente de mortes-eaux, le mytiliculteur doit arracher ses moules de leurs pieux et les stocker en suite dans des réserves situés dans le haut de l'estran.

Dans ces réservoirs, les moules sont mal à l'aise, leurs byssus vont se charger de vase. Elles vont vite souffrir d'un tassement qui ne doit pas durer plus de quelques jours, sous peine de voir apparaître des mortalités se développant rapidement.

Avec la cueillette mécanique tout a changé. Très rapidement des barges flottantes ont été équipées de grues permettant la récolte des moules quand seule la tête des pieux émerge (une cueillette en partie sous l'eau).

Ainsi le temps disponible pour la récolte s'est trouvé très augmenté, et en même temps, la nécessité d'un long stockage pour la « morte-eau » a tout simplement presqu'entièrement disparu.

Enfin une autre innovation est venue encore transformer la mytiliculture sur bouchots : l'utilisation de pieux brésiliens.

15) <u>Le pieu brésilien</u>

Depuis Patrick Walton les pieux à moules étaient pratiquement exclusivement en chêne. Il s'agissait de petits arbres d'environ 15 cm de diamètre, fraîchement coupés et disposant d'une belle écorce.

Le rôle de celle-ci était double : elle favorisait la fixation des petites moules sur le pieu mais aussi freinait l'attaque de celui-ci par le taret. Ce taret est un petit vers qui creuse des galeries dans le bois, le fragilisant et finissant par le détruire.

Ainsi, tous les trois à quatre ans le mytiliculteur devait déplanter ses pieux hors d'usage, pour les remplacer par des neufs.

L'emploi du pieu brésilien a changé tout cela.

Son bois exotique, beaucoup plus dur que celui du chêne, résiste à l'action du taret, de telle sorte que certains pieux brésiliens sont encore opérationnels après vingt ans d'utilisation.

16) <u>Chantiers à cordes.</u>

Un autre progrès fut l'utilisation des «chantiers à cordes ».

Les mytiliculteurs normands reçoivent leurs cordes à moules vers les mois de mars et avril. Il s'agit de cordes qui ont été étalées en Vendée sur des pieux en mer, à l'époque où les larves de moules sont abondantes et cherchent à se fixer sur des supports. Ces cordes, en fibres de chanvre (de coco) jouent parfaitement ce rôle : les larves de moules viennent s'y fixer entre les fibres. D'abord quasiment invisibles, elles grossissent rapidement en colonisant toute la corde.

En Normandie, le mytiliculteur qui les reçoit, les place sur des pieux vides de moules et bien propres, à raison d'environ 2,20 m par pieu.

Jusque dans les années 70, cette opération : découpage des cordes à la bonne longueur, puis pose et fixation de celles-ci sur les pieux s'effectuait le plus rapidement possible: les moules ayant plus ou moins souffert de leur transport, il convenait de les mettre rapidement en place.

Ainsi des cordes généralement reçues le soir, après avoir voyagé dans la journée, étaient finalement enroulées sur les pieux dans la nuit.

Cela nécessitait de disposer d'une main-d'œuvre abondante, nocturne et courageuse.

L'action de poser, immédiatement, les cordes sur des installations d'attente, les «chantiers à cordes», à constitué un énorme progrès : au lieu de couper immédiatement les cordes à la bonne dimension et de les placer aussitôt sur les pieux, on les étale en longues nappes sur des barres horizontales judicieusement espacées.

Entre chaque barre, les cordes, une fois recouvertes par la mer vont se balancer dans l'eau en profitant pleinement de son action nourricière.

Une fois ces cordes posées sur les chantiers, le mytiliculteur n'est plus pressé de les cueillir. Elles peuvent y rester et y grossir pendant quelques semaines qu'il met à profit pour planifier l'opération suivante : poser les cordes sur les pieux.

Pose des Cordes à moules sur les chantiers

Ramassage des Cordes à moules pour pose sur les *pieux*

17) <u>Emmaillotage des pieux.</u>

Je viens de dire que les cordes doivent se poser sur des pieux propres.

Il faut se rappeler qu'à la mer toute surface se couvre rapidement de « salissures », (le fouling des anglo-saxons). Il s'agit essentiellement d'incrustations calcaires produites par un animal appelé « Balane ». Il est de la famille des copépodes à laquelle appartiennent les crevettes et les homards.

Au cours d'une mue, il se fixe sur un support en perdant en même temps tous ses organes de motricité, ne gardant que sa bouche, ses palpes labiaux, et ses branchies.

Il est bien connu des marins, puisqu'il les oblige à nettoyer fréquemment la coque de leurs bateaux par grattage, car les peintures « anti-fouling » sont interdites depuis qu'elles ont été formellement reconnues responsables d'un grave « gaufrage » des huîtres.

Tout comme le propriétaire d'une coque de bateau, le mytiliculteur doit approprier ses pieux en les grattant, avant la pose des cordes (encore une opération fastidieuse).

Sur la côte, les boucholeurs ont mis en œuvre une autre stratégie : dès qu'ils ont récolté les moules d'un pieu, ils le couvrent avec un film de plastique très mince. Ils appellent cela l'emmailloter.

Les Balanes vont se fixer sur le film de plastique, qu'il suffira de retirer, juste avant l'ensemencement par un simple coup de couteau. Les plastiques souillés sont ramenés à terre pour y être détruits (l'utilisation de plastique biodégradable est ici souhaitable).

Aux tâches essentielles du métier de conchyliculteur, préparation et entretien des supports, travail du naissain, éclaircissement des produits élevés, récolte et conditionnement, il faut ajouter la lutte contre les prédateurs de toutes sortes qui, comme l'homme, sont de grands amateurs de coquillages.

Je ne vais en évoquer ici que quelques-uns parmi les plus redoutables en Normandie, des oiseaux et le bigorneau perceur (escargots de mer).

18) <u>Les oiseaux prédateurs</u> :

On peut quelques fois, à la basse mer, observer le manège d'une mouette pêchant un coquillage : elle se pose près de lui, le prend avec son bec, puis s'envole, s'élevant à une bonne dizaine de mètre. Elle le lâche alors. Dans sa chute le coquillage se fracasse sur le rocher. La mouette n'a plus qu'à venir tranquillement le déguster. A Blainville j'ai vu des corbeaux procéder de la même façon.

Le bilan énergétique d'une telle opération ne peut pas être très positif. Ainsi on peut pratiquement être sûr que l'oiseau ne procède pas ainsi pour se nourrir, mais bien pour le plaisir gustatif qu'il en retire.

Les macreuses, eiders et autres canards sont de grands prédateurs des moulières.

La mytiliculture normande partage avec eux une longue histoire :

Elle a commencé sur la côte est du Cotentin dans les années 60 à Sainte-Marie du Mont, où deux boucholeurs avaient porté plainte au près de la gendarmerie, pour vol, à la suite de la disparition brutale d'une grande quantité de moules sur leurs pieux.

En fait, eux et leurs collègues, ont fini par constater qu'un important banc d'eiders en était le seul responsable.

Eiders

L'eider est un oiseau du Grand Nord qui, en cas de gel sérieux et prolongé de son habitat naturel, migre de temps en temps vers nos régions, où il se repose et se nourrit, avant de repartir vers le nord. Les moules de bouchots sont alors pour lui une proie idéale.

Les eiders se placent généralement sous le courant des pieux, dont ils gobent les moules, quelques fois sous l'eau, en s'aidant, dit-on, de leurs ailes pour en détacher les grappes.

Des filets de plastique capelés sur les pieux ont été déchirés par ces voraces canards.

Dans les années 1975, la côte ouest du Cotentin a subit à son tour les attaques de ces canards-eiders.

Comme sur la côte est, la première victime, un mytiliculteur de Donville, en a accusé des voleurs. L'enquête de la gendarmerie avait abouti dans un premier temps à quelques enfants chargés de la décoration de chars du carnaval de Granville qui, pour la bonne cause, avaient prélevé quelques grappes de moules sur des pieux. Cela n'avait aucun rapport avec les pertes subies, et on finit par découvrir les vrais coupables : les bancs d'eiders qui s'étaient installés sur les bouchots de Granville à Agon.

Plusieurs collègues m'ont assuré qu'une bonne partie de ces oiseaux nomades, au lieu de retourner comme chaque année dans leur région du nord, ont fini par se sédentariser sur les bouchots, parce qu'ils y avaient tellement usé leurs ailes sur les moules, qu'ils ne pouvaient plus correctement voler.

André Mahé, mytiliculteur à Hauteville, a eu l'idée de capturer un de ces eiders dans sa pêcherie, située en plein milieu de ses bouchots, puis de le nourrir dans sa basse cour avec ses poules, en ne lui donnant à manger que des moules. Après qu'il en ait gobé une bonne quantité, l'eider prenait une position immobile et on entendait alors les moules qu'il broyait dans son gésier.

C'est 3,5 kg qu'il ingurgitait ainsi par jour.

Compte tenu d'une population de canard-eiders présente à la Pointe d'Agon, évaluée par notre collègue à 3.000 individus, ce sont des milliers de tonnes de pertes de récolte qui étaient en cause.

Photo d'André Mahé avec son Eider

C'est pourquoi les mytiliculteurs ont adressé au Préfet de la Manche une demande d'autorisation d'une légère battue, demande qui a été partiellement acceptée ; pas assez selon les mytiliculteurs, mais beaucoup trop, selon certains écologistes « défenseurs de la Nature ».

Mais les eiders ne sont pas les seuls oiseaux prédateurs des moulières. Les goélands argentés sont aussi redoutables, tout particulièrement quand les pieux viennent d'être enroulés de leurs cordes garnies de naissain. Ils nagent, en se plaçant, quand le courant est fort, en aval des pieux et se gavent de petites moules.

Francis Hélie m'avait dit avoir trouvé une bonne solution à ce problème des goélands. Il avait mouillé au beau milieu de ses parcs, une barge équipée de pétards, réglés pour exploser de temps en temps.

Au début ce fut un succès total: les goélands terrorisés avaient abandonné leur zone favorite (et son « garde manger »). Hélas, au bout de quelques jours, ils avaient compris que les pétards étaient inoffensifs et étaient revenus se poser sur la barge, ne s'envolant même plus quand l'un d'entre eux explosait !

Afin de les chasser, un mytiliculteur de Lingreville, passionné d'ULM, a eu l'idée de piquer avec son appareil sur les bancs d'oiseaux entrain de saccager ses pieux.

Au début il était ravi du plein succès obtenu.

La profession, avait décidé de le contacter pour qu'il accepte, moyennant une rétribution, de protéger toute la zone d'Agon.

Hélas, là encore les oiseaux, décidemment trop astucieux, avaient fini par comprendre qu'ils ne risquaient rien en subissant, imperturbables, les simulacres d'attaque de notre avionneur.

Et les mytiliculteurs ont dû se rabattre sur une autre méthode : un effarouchement par un gardien équipé d'un bateau rapide et d'un fusil chargé à blanc (un animal protégé ne devant pas être tué).

Cette intervention qui devait être intensive et répétée au cours de nombreuses basse-mers, était contraignante et coûteuse.

Enfin, une solution assez efficace a vu le jour et est maintenant généralement utilisée : une protection par des filets en plastique parfaitement étudiés pour ne pas trop freiner la pousse, que l'on place sur les pieux en octobre pour les retirer fin février.

19) <u>Le bigorneau perceur.</u>

Cet escargot de mer (Murex Erinacea ou Nuceela Lapillus) est sans doute le prédateur le plus ravageur des bouchots.

Il se colle sur une moule, et avec un appendice buccal, sorte de râpe, la «radula», creuse un trou dans sa coquille. Dès que celle-ci est percée, il lui injecte une substance acide qui la fait s'ouvrir. L'escargot y pénètre et dévore sa victime.

Une famille de ces bigorneaux peut, en quelques semaines, dévorer les 20 à 30 kg de moules présents sur un pieux.

Ce bigorneau ne s'attaque pas seulement aux moules des boucholeurs, mais à pratiquement tous les coquillages vivants à la surface de l'estran. Il suffit pour s'en convaincre de se promener sur le haut d'une plage comme à la pointe d'Agon, là où les coquilles vides s'étalent sur la grève en attendant d'être broyées par les vagues et transformés en sable coquillier.

Un bon observateur trouvera certaines de ces coquilles (de praires, palourdes, coques, huîtres, crépidules etc.) percées d'un petit trou d'environ 1mm de diamètre, prouvant que l'animal qui habitait cette coquille a été dévoré par le bigorneau perceur.

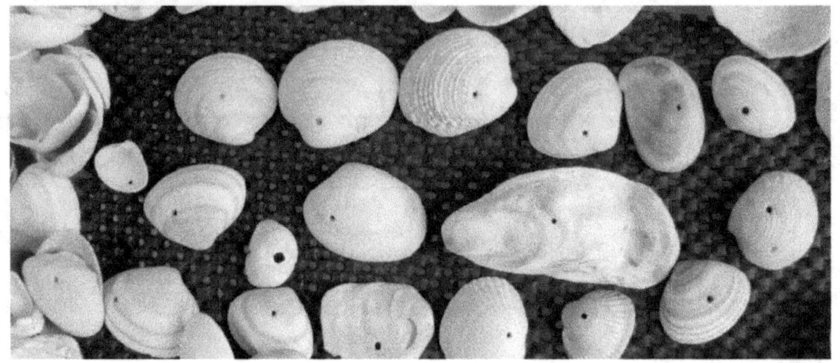

Photo de coquillages percés par des bigorneaux

Dans les années 80, à la suite d'une offre du professeur Lubet de la faculté de Caen, promettant aux mytiliculteurs de mettre au point une méthode qui les débarrasserait du bigorneau perceur, la profession normande a décidé de subventionner son laboratoire.

Cette participation financière était abondée par de fortes subventions du Département de la Manche et de la Région de Basse Normandie.

Mais hélas, après de très longues recherches le professeur Lubet a jeté l'éponge. Et les mytiliculteurs sont restés avec leur escargot de mer qu'ils doivent ramasser à genoux ou à quatre pattes aux pieds de leurs pieux.

A la même période, le professeur Le Gall, aussi de la faculté de Caen, annonça qu'il détenait une méthode parfaitement au point pour produire des oursins en masse. Il assurait qu'il ne lui manquait que les fonds nécessaires pour démarrer l'opération.

C'est alors que le Conseil Général de la Manche a décidé de se lancer, avec l'aide du professeur, dans cet élevage prometteur.

Il a aussitôt créé une structure juridique et commerciale, le

Syndicat Mixte d'Equipement du Littoral (SMEL) en le dotant d'un laboratoire à Blainville sur mer.

Hélas, malgré les capacités des jeunes chercheurs recrutés, leur grand dynamisme et leur enthousiasme, cet élevage n'a jamais dépassé le stade d'une dégustation très médiatisée, de telle sorte que ces jeunes chercheurs ont du se reconvertir dans l'assistance à la profession conchylicole et à la réalisation d'études sur le littoral ou à des expériences sur la pêche à pied.

Ils ont notamment mis au point un traitement très efficace des cordes à moules, par une immersion dans une solution sursaturée d'eau de mer, qui les débarrasse des larves de bigorneaux importées, un système que le professeur Lubet n'a pas su découvrir, malgré les moyens dont il avait été doté.

20) <u>Le Crabe enragé et la Tahitienne.</u>

Le petit crabe dit « enragé », occupe une bonne place parmi les prédateurs des petites moules.

Il grimpe le long des pieux, se niche dans leurs grappes de moules où il trouve à la fois le gîte et le couvert.

Les boucholeurs pour s'en prémunir, placent des feuilles de plastique à la base de leurs pieux. La crabe qui cherche à y grimper glisse et patine en vain sur leur surface lisse.

Mais, celle-ci finit par se recouvrir de balanes rugueuses et perd ainsi sa qualité protectrice. Pour la prolonger, les mytiliculteurs découpent les feuilles de plastique en franges, qui dans la mer se frottent sur la surface lisse, ce qui gène le captage des larves de balanes.

Toujours friands d'appellations pittoresques, ces mytiliculteurs ont dénommé ces collerettes en plastique des « tahitiennes » en référence à la ressemblance avec la robe des fameuses danseuses.

21) <u>Innovations normandes.</u>

Avant de clore mon chapitre sur les innovations considérables apportées, dans les années 70, tant dans l'ostréiculture que dans la mytiliculture, je voudrais faire remarquer que toutes ces progrès ont été initiés et développés en Normandie.

Est-ce un hasard ?

La réponse est non !

Les conchyliculteurs normands ont été privés des connaissances et habitudes ancestrales dont leurs collègues charentais, vendéens ou bretons ont bénéficié. « Partis de zéro », ils ont du tout découvrir, tout inventer, et finalement s'habituer à chercher et à trouver des solutions nouvelles à de nouveaux problèmes.

Et l'innovation normande ne s'est pas tarie, comme en témoigne par exemple la mise au point par Anthony Mahé de nouvelles protections pour pieux en 2006 (Cultures Marines n°246) ou encore la mise au point par le SMEL de Blainville du traitement des cordes à moules, que je viens d'évoquer.

22) <u>Salubrité des eaux du littoral du département de la Manche.</u>

Il ne faudrait pas croire, à la lecture de cet exposé sur les innovations qui ont aidé la conchyliculture normande dans son expansion, que cette dernière s'est effectuée sans avoir à surmonter diverses crises et avatars, depuis le développement de la mytiliculture en 1964 et de l'ostréiculture en 1970.

Il me faut tout de suite évoquer les conditions très particulières, qui s'établissent entre la terre et la mer, sur les côtes proches de la Baie du Mont-Saint-Michel.

Comme on l'a dit dans notre première partie, c'est dans cette baie que l'on trouve les plus fortes marées du monde (à l'exception de la Baie de Fundy au Canada) avec 15 m de marnage.

Le rivage étant plat sur cette côte, il s'y découvre en grande marée, un estran exceptionnellement large (5kms à la Pointe d'Agon, ou à Blainville), très propice à l'accueil d'installations conchylicoles.

Ces larges espaces, battus de pleine mer par de fortes vagues, balayés par des courants puissants, sont pratiquement indemnes des pollutions qui peuvent, ici ou là, atteindre des élevages conchylicoles.

23) <u>La salubrité des coquillages : l'affaire des pouvoirs publics.</u>

Il me parait important de rappeler, que dans les rôles qui sont dévolus à la puissance publique se trouve, en première place, celui de garantir la salubrité des produits alimentaires et d'assurer ainsi la sécurité du consommateur.

Ce rôle est assuré par les Services Vétérinaires.

Ceux-ci s'appuient, pour les produits de la mer, sur les normes fixées par l'ISTPM, devenu, après sa fusion avec le CNEXO en1984, l'IFREMER.

C'est ainsi que l'Administration Maritime, sous la responsabilité de cet organisme, attribue à chaque producteur-expéditeur de coquillages, un « numéro d'agrément sanitaire », lui permettant d'apposer sur chacun de ses colis, une étiquette dite « de salubrité ».

L'importance de ce système n'a pas échappé aux nouveaux conchyliculteurs des années 60.

Pour ma part, j'expédiais, depuis 1969, mes moules à deux mandataires du Marché National de Rungis qui venait de s'ouvrir après la fermeture des Halles de Paris.

J'avais obtenu mon numéro sanitaire, à partir d'une installation de lavage à Blainville (que mon ami et collègue Auguste Lecrosnier avait bien voulu me prêter), numéro que j'ai fait transférer à Agon le 13 septembre 1973, quand j'ai ajouté l'expédition des huîtres à celle des moules.

Pendant ces quatre années, ni moi, ni mes proches collègues, n'avions été avisés que la commercialisation de nos coquillages aurait pu poser quelques problèmes sur le plan sanitaire.

Nous avions bien du subir une alerte en 1973, concernant une soi-disant épidémie de choléra qui aurait sévi dans la baie de Naples (on a appris, beaucoup plus tard, qu'en réalité deux voyageurs avaient ramené cette maladie d'Afrique en Italie).

Des médias italiens avaient attribué, sans aucune preuve, la source du choléra à des élevages de moules présents dans la baie de Naples (on a entendu dire, par la suite, que ces élevages peu esthétiques portaient ombrage à certains promoteurs immobiliers et que ceci expliquerait cela… mais que ne dit-on pas ?)

Je me souviens avoir téléphoné, comme je le faisais tous les matins, au responsable de la maison Gerbier de Rungis pour connaître sa commande du jour et avoir reçu cette réponse : « Mais es tu fou Quétier? Avec le choléra on ne vend plus de moules ! ».

Je lui ai bien sûr déclaré que je ne croyais en rien à cette histoire de choléra et que si elle avait le moindre fondement, elle ne concernerait que la moule Gallo et non l'Edulis qui n'a ni la même forme ni la même taille.

Il m'a répondu qu'il était entièrement d'accord avec moi, mais qu'il n'y pouvait rien : « le client intoxiqué par une information stupide ne veut plus de moules ! ».

Et cette situation absurde a duré presque deux semaines !

Je le répète, à part cet incident ridicule, nous n'avons, mes collègues et moi, jamais été confrontés à un quelconque problème concernant la salubrité de nos coquillages.

24) <u>Le « dégorgeoir obligatoire ». le syndicat de défense.</u>

Et pourtant, en 1975, Mr Panier, responsable local de l'ISTPM, est venu nous informer qu'il était question d'imposer à chaque conchyliculteur-expéditeur, la détention d'un bassin rempli d'eau de mer construit sur un site constamment émergé et appelé dégorgeoir.

Dans ce bassin, nous a-t-il expliqué, les huîtres devraient séjourner un certain temps (non défini) avant l'emballage et l'expédition.

Ce nom de dégorgeoir n'avait pas été choisi au hasard. Il s'était imposé, tout naturellement, à l'époque où les huîtres étaient élevées à même le sol .Un sol souvent vaseux, de telle sorte qu'il était nécessaire que les huîtres rejettent (dégorgent en quelque sorte) les impuretés qu'elles avaient pu y absorber.

Nos élevages étant tous surélevés (sur tables pour les huîtres, et sur pieux pour les moules) et installés sur des sites exempts de vase, nous avions du mal à accepter cette exigence du dégorgeoir. Aussi avons-nous demandé à l'ISTPM les raisons pouvant la justifier. En même temps nous réclamions les résultats des analyses effectuées sur les produits que nous expédions depuis une dizaine d'années.

N'obtenant pas de réponses à nos questions, nous avons décidé de former un syndicat de conchyliculteurs que nous avons appelé « Syndicat de défense des produits de la mer.»

Le premier objectif de ce syndicat fut de faire réaliser des analyses sur nos huîtres et nos moules juste avant l'expédition.

25) <u>Les analyses.</u>

Nous avons contacté les Services Vétérinaires de la Manche qui ont bien voulu accepter (on leur en a été très reconnaissants), d'effectuer à nos frais, une campagne d'analyse sur nos huîtres et nos moules prélevées sur nos réserves de stockage, avant expédition, sur l'estran, à Blainville et à Agon, comme en, témoigne la lettre publiée ci-après.

Vers la fin de la campagne proposée par les services vétérinaires, l'ISTPM a manifesté le désir de s'y joindre, de telle sorte que d'avril 1973 à avril 1975, 19 prélèvements-analyses ont été réalisés par les Services Vétérinaires et 3 par l'ISTPM.

Cheville ouvrière des opérations sur le terrain, j'avais pris mes précautions afin que toute les conditions de validité soient réunies : ainsi, j'amenais dans mon auto, sur l'estran, à la base mer, l'agent habilité à faire les prélèvements et c'était lui, et lui seul, qui repartait ensuite, avec les échantillons qu'il avait choisi au hasard, vers les laboratoires d'analyse.

Les normes permettant d'apprécier les résultats obtenus avaient été fournies par les services de l'ISTPM lettre et résultats publiés ci-dessous aux Services Vétérinaires :

Recherches	Classe	Conclusion	Eaux de mer par 100 ml	Coquillages 100 cm3 de chair
Escherichia coli	1	très bon	0	0
	2	convenable	1 à 60	1 à 250
	3	suspect	61 à 120	251 à 500
	4	défavorable	+ de 120	+ de 500

NOTA : Information communiquée par Monsieur MAISSE lors du stage des Inspecteurs de salubrité le 25 avril 1975.

DÉPARTEMENT DE LA MANCHE

DIRECTION DÉPARTEMENTALE
DES SERVICES VÉTÉRINAIRES

D.S.V. n° 931/75/JR/GB.

RÉPUBLIQUE FRANÇAISE

50000 SAINT-LO, le 28 MAI 1975

Route de BAYEUX
Téléphone : 57.11.91

LE DIRECTEUR DU LABORATOIRE
DEPARTEMENTAL DES SERVICES
VETERINAIRES DE LA MANCHE

à

Monsieur QUETIER
Président du Syndicat des Mytiliculteurs
Ostréiculteurs de la Région de Blainville
Sémaphore d'AGON

50230 - AGON

OBJET : Contrôle de l'eau de mer et des cultures Ostréicoles.

REFER : Votre lettre du 29 AVRIL 1975.

Monsieur le Président,

Faisant suite à votre lettre, citée en référence, j'ai l'honneur de vous proposer un protocole de contrôle des cultures marines et de l'eau de mer les baignant.

Compte tenu de vos problèmes, il paraît intéressant de procéder mensuellement à des prélèvements :

A) d'huitres et de mer sur les lieux de culture

B) d'huitres et de mer ayant fait l'objet d'un transfert le mois précédent sur les lieux de retrempage sous BLAINVILLE et la pointe d'AGON.

En dehors de ces travaux, une étude du ruisseau de GOUVILLE pourra être entreprise dans le cadre de la cellule anti pollution marine.

Financement - Compte tenu de la fréquence et du nombre des prélèvements et en application de l'article 8 de l'arrêté préfectoral du fixant les tarifs du laboratoire, un abattement de 30 % pourra être consenti.

A savoir pour chaque intervention :

- 3 examens bactériologiques classiques d'eau de mer à 48.85 F ramené à 36 F = 108.00 F (comprenant germes totaux, coliformes eschérichia coli, streptocoques fécaux.
- 3 examens sur les huitres comportant les recherches de coliformes, germes totaux, streptocoques, staphylocoques 39.60 F - 3 × 27.70 F = 83.10 F

soit au total 191.10 F

Lettre du Directeur des Services Vétérinaires au syndicat de défense

SYNDICAT DE DEFENSE DES PRODUITS DE LA MER DU COTENTIN OUEST

Résultats d' analyses bactériologiques (nombre de germes/ml.) effectuées à la demande du Syndicat sur des huitres provenant des réserves de stockage en mer d' AGON et de BLAINVILLE.

NORMES : Maximum acceptable : 3 germes Eschérichia-coli / ml.

I9 prélèvements et analyses ont été effectués par le Laboratoire Départemental des Services Vétérinaires de St. Lô
3 Prélèvements et analyses ont été effectués par le laboratoire de l' I.S.T.P.M. à OUISTREHAM

		AGON			BLAINVILLE		
		Strepto. fecaux	Escher. Coli	Salmo- nelles	Strepto. fecaux	Escher. coli	Salmo- nelles
	22-4				0	0	0
	I3-5	0	0	0	0	0	0
	25-6	0	0	0	0	0	0
	28-7	0	0	0	0	0	0
Année	3-9	0	0	0			
1975	25-II	0	0	0	0	0	0
	29-I2	0	0	0	0	0	0
	4-2	0	0	0	0	0	0
1976	I8-3	0	0	0	0	0	0
	I-7		0				
	20-9		0,6				
1977	8-8	0	0	0			
	20-I2	0	0,8				
1978	7-2		0				
	28-4	0	0				

Résultats d'analyses

Bien évidemment, à l'époque, je n'ai pas manqué de diffuser ces résultats qui étayaient notre contestation du « dégorgeoir obligatoire », un des premiers objectifs de notre « syndicat de défense. »

Comme nous nous y attendions, les résultats obtenus furent excellents : aucune détection de streptocoques fécaux, ou de salmonelles dans les prélèvements de Blainville ; quelques traces d'échérichia coli détectées à deux reprises sur Agon, avec 0,6 et 0,8 germes par millilitre (une influence sans doute des rejets de la rivière la Sienne) alors que le « maximun » acceptable était de trois.

Et nous autres, conchyliculteurs de la côte et tout particulièrement ceux de Blainville et d'Agon, étions heureux de pouvoir constater concrètement, et pour la première fois, que les produits que nous commercialisions étaient parfaitement salubres.

Nous pensions aussi que ces résultats, obtenus tout de même sur deux ans, conforteraient notre position vis-à-vis de l'ISTPM et que cet Institut finirait bien par donner une réponse satisfaisante à nos réclamations.

En 1977 le Syndicat s'est ensuite impliqué dans la défense des conchyliculteurs de la Baie des Veys, pénalisés par le classement de leur site en « zone insalubre ».

Il s'est adressé pour cette affaire à maître Huglo, avocat à Paris qui a accepté de s'en chargé, (lettre jointe.)

Par ailleurs, à la même époque, comme la nucléarisation de la Manche s'intensifiait, le syndicat a pensé qu'il serait bon de se doter de résultats d'analyse de radioactivité effectués sur nos huîtres et nos moules, afin d'en prouver, sur ce plan là, leur innocuité.

C'est ainsi qu'il s'est adressé au laboratoire spécialisé dans la recherche de la radioactivité dans les aliments.

Il a ainsi obtenu des batteries de résultats entre le 8 septembre 1978, et le 9 octobre1979. Résultats tous satisfaisants, ci-joints.

C'est aussi à cette époque qu'un événement imprévu est venu bouleverser la vie des conchyliculteurs de la côte ouest.

CHRISTIAN HUGLO
AVOCAT A LA COUR
CHARGE D'ENSEIGNEMENT
A L'UNIVERSITE DE METZ

9, RUE DE MADRID, 75008 PARIS
TÉL. 293-55-02 _ 387-86-81

COLLABORATEUR
ALAIN EVENO
AVOCAT STAGIAIRE A LA COUR

PARIS, le 31 août 1977

Le Soussigné, Christian HUGLO, Avocat à la Cour de Paris, chargé d'enseignement du Cours de Droit de l'Environnement à la Faculté de Droit de Metz, consulté par le Comité inter-professionnel de la conchyliculture, section régionale Normandie, Mer du Nord, sur les moyens juridiques à mettre en oeuvre, pour obtenir la révision du classement de la Baie des Veys en zone insalubre, émet l'avis suivant :

I - FAITS

1-1- La Baie des Veys reçoit 4 affluents, la Douve, la Taute, l'Aure et la Vire.

Elle occupe une vingtaine de concessionnaires qui exploitent en adjudication sur une zone d'environ 200 hectares.

Subissant une importante pollution, tant urbaine qu'industrielle, la Baie des Veys a été classée, le 15 novembre 1971, insalubre, ce qui a contraint les concessionnaires, à faire retremper leurs huîtres et augmenté en conséquence le coût de production.

1-2- Certains d'entre eux ont entrepris diverses actions pour obtenir le classement de la Baie en zone salubre.

C'est ainsi qu'une plainte a été déposée, le 16 mai 1972, entre les mains du Procureur de la République, contre l'un des pollueurs, tout spécialement la laiterie du Lanque.

En septembre 1973, celle-ci qui déversait le lisier de ses 400 porcs derrière les portes du pont de Veys, a dû arrêter sa production.

Ultérieurement, diverses mesures ont été continuées sur la pollution et ont montré des résultats assez contradictoires.

1-3- C'est ainsi qu'un myticulteur et ostréiculteur, Monsieur DERRES, a fait effectuer le 27 juillet 1976, sous contrôle d'huissier, des prélèvements parallèles à ceux de l'ISTPM.

Lettre de Maître Huglo du 31 août 1977

MINISTERE de l'AGRICULTURE
LABORATOIRE CENTRAL d'HYGIENE ALIMENTAIRE

43, rue de Dantzig
75015 – PARIS
Tél: 531–82–10

Paris le, 6 mars 1979

COMPTE RENDU de RECHERCHE de RADIOACTIVITE

DESTINATAIRE : Monsieur QUETIER

REFERENCE du LABORATOIRE	NATURE du PRELEVEMENT	ORIGINE du PRODUIT	Activité béta totale en picocuries pour 1 kg de produit frais	Spectrométrie gamma
Nos Réf.				
304	MOULES	Agon-Cou.	1875 pCi	Non mesurable
305	HUITRES	" "	1140 "	" "
31	MOULES	" "	1001 "	" "
32	HUITRES	Blainville	1946 "	" "

Le Responsable de la Section de Radiobiologie

Mme F. JANIN.

**Exemple de résultats obtenus sur des huîtres et des moules
d'Agon et de Blainville.**

26) <u>La marée noire de l'Amoco Cadiz.</u>

Le pétrolier Amoco-Cadiz s'est échoué le 18 mars 1978 sur les côtes nord-ouest du Finistère. En principe donc, bien loin du Cotentin. Pourtant, dans les semaines suivantes, la nappe de pétrole, sortie peu à peu des soutes du pétrolier, a commencé à dériver vers l'est, de telle sorte que certains ont commencé à craindre que la Normandie, après la Bretagne, ne soit à son tour atteinte.

Notre côte cotentinaise, onze ans plus tôt, avait échappé de justesse, à la marée noire du Torrey Canyon ? Aurait-elle la même chance cette fois –ci ?

J'avais contacté François Lapie, un collègue, ami, et patron de chalutier à Granville, en lui demandant, puisqu'il sortait tous les jours au large, de me prévenir dès qu'il verrait la nappe de pétrole arriver.

Aussi, quelle ne fut pas ma stupéfaction d'apprendre que les autorités avaient annoncé que notre côte allait être touchée par la marée noire et qu'il fallait absolument évacuer nos huîtres. La zone concernée comprenait l'ostréiculture de Blainville, de Gouville et de Pirou (il ne s'agissait plus, comme en 1970, (huit ans plus tôt),du contenu de la charrette à âne de Roger Maudouit !)

J'appelle François Lapie, qui me rassure complètement : « le pétrole est bloqué sur la côte bretonne, au nord -ouest de Saint-Brieuc, et on n'en voit aucune trace au large. »

27) <u>Le plan Orsec.</u>

Et pourtant le plan Orsec se trouve déclenché avec cette menace : « *si vous refusez de déplacer vos huîtres, vous n'aurez plus le droit de les commercialiser, même si elles sont épargnées, car toute la zone sera bloquée.* »

Je téléphone alors au sous-préfet de Coutances, Mr Lefebvre, pour lui faire part de mon étonnement. Furieux de mon intervention, il m'a immédiatement raccroché au nez !

Des militaires du plan Orsec ont été mis à la disposition des ostréiculteurs qui, tant bien que mal, ont essayé, avec leur aide, d'organiser cette évacuation stupidement imposée et improvisée :

Quelques uns ont envoyé leurs huîtres à Saint-Vaast La Hougue. Là, dans une zone réputée ultra-calme et très protégée, les camions militaires y ont, tout simplement, benné leurs poches à huîtres directement sur place.

A Utah-Beach, j'ai assisté à l'arrivée de « poches Orsec », assorties de tables qui ont été installées, sans prendre conseil près des professionnels du secteur, bien trop haut sur l'estran, et munies d'élastiques insuffisants.

Le malheur a voulu que, dans les jours suivants, un coup de vent de nord-est ait transformé ce déplacement en une catastrophe : une grande partie des poches déplacées de Blainville, Gouville et Pirou s'est trouvée perdue corps et bien.

Quand je me suis étonné, quelques jours plus tard, auprès d'un journaliste local, du silence de la Presse sur cette opération ridicule et sur ses résultats consternants, j'ai eu droit immédiatement à cette réponse cinglante : « De quoi vous plaignez-vous ? Auriez-vous préféré que la marée noire touche vraiment vos huîtres ? » J'ai compris alors que la responsabilité de cette opération ORSEC était « bien partagée »…

Mes collègues et moi ont alors pensé, que si nous avions disposé à l'époque d'une organisation professionnelle normande et d'un bulletin d'information, les « responsables » y auraient regardé à deux fois, avant de lancer cette opération absurde, qui n'avait pour seul objectif que de leur permettre de « jouer les gros bras », (certains de ceux-ci ont même eu l'outrecuidance de s'en vanter par la suite, devant des non-initiés.)

Hasard du calendrier, deux mois plus tard, le 15 juin1978, l'Administration prenait un arrêté, rendant le dégorgeoir obligatoire.

Cette disposition était d'autant plus inopportune, que la totalité des nouveaux ostréiculteurs du Cotentin ne disposaient pas de cet équipement, ni de terrains en bordure de mer pour les édifier.

C'est pour ces raisons que notre « syndicat de défense» avait introduit une action au Conseil d'Etat pour la faire annuler.

Un régime dérogatoire fut tout de même promis, afin que les

expéditeurs de coquillages puissent tous continuer à travailler.

Hasard du calendrier, c'est alors que la « Section Professionnelle Normande », réclamions depuis 11 ans, fut alors instituée.

28) <u>Une section normande au sein du CIC (Comité interprofessionnel de la conchyliculture).</u>

Aux élections professionnelles de 1979, qui ont suivi cette création, notre Syndicat de Défense, est arrivé largement en tête avec 73% des suffrages exprimés avec une très forte participation.

En évoquant cette période, je pense toujours avec émotion à tous ces collègues qui, ont participé à la vie socioprofessionnelle que j'ai évoqué ci-dessus dans mon préambule, et aux sympathiques et mémorables moments que nous avons passés ensemble, comme par exemple, à ces apéritifs pittoresques servis avec beaucoup de folklore chez notre copain Guy Leclerc baptisé affectueusement « Tonton Guy ».

Hélas, beaucoup de ces pionniers de cette merveilleuse époque révolue ne sont plus là et je salue leur mémoire avec une grande émotion et une infinie nostalgie.

29) <u>Des tâches urgentes.</u>

Comme président élu de la profession normande, j'ai du m'atteler à des tâches urgentes :

Faire les demandes officielles afin que les dérogations promises à « l'arrêté dégorgeoir » soient tenues.

Obtenir que des zones conchylicoles à terre, au droit des concessions en mer, puissent être édifiées, tant dans l'intérêt des conchyliculteurs, que dans celui des riverains des zones touristiques, forcés de devoir, trop souvent, supporter les désagréments provoqués par les déplacements des véhicules de conchyliculteurs (tracteurs et remorques).

Photo des tracteurs dans les rues de Coutainville

(Le Passous).

Lancer un bulletin d'information conchylicole (ce sera la publication du mensuel « Pleine Mer »), qui sera poursuivie pendant quinze ans !

Je fus presqu'immédiatement convoqué au centre des Affaires Maritimes du Havre, pour y rencontrer, Mademoiselle Soudan, proche collaboratrice du Docteur Morin, Directeur de l'ISTPM.

Il s'agissait de présenter officiellement nos demandes de dérogations à l'arrêté du 15 juin 78.

Un formalisme qui m'a permis d'exposer le principal besoin de notre profession : pouvoir disposer de bases à terre.

J'ai été parfaitement entendu et compris.

Déjà, en 1975, une coopérative, la CABANOR, s'était constituée à partir d'un projet de création d'une base dans le marais de Blainville, devant être alimentée par une retenue d'eau captée en pleine mer de grande marée (elle sera construite et opérationnelle en 1981).

En tant que membre du CIC, j'assistais à ses réunions à Paris.

Au cours de celles-ci, j'ai pu constater que la contestation normande concernant le dégorgeoir, n'était pas du tout appréciée par des collègues équipés depuis toujours de ces installations, dont ils ne souhaitaient pas voir les nouveaux concurrents normands dispensés.

Le CIC organisait, une fois par an, une grande « Assemblée plénière ». Elle avait lieu dans un siège régional, comme La Rochelle, Brest, Marseille, Biarritz…

Je me souviens, à la fin d'un repas qui clôturait l'une de ces réunions, avoir récité un pastiche que j'avais réalisé, de la fable de La Fontaine, « Le loup et l'Agneau ».

Dans celui-ci, l'agneau, était « *l'ostréiculteur sortant ses huîtres d'une onde claire »,* le loup, « *l'Administration, bête cruelle que le succès en ces lieux attirait ... »* ; J'y évoquais le succès de nos produits, la qualité de nos analyses, mais aussi la jalousie de nos collègues nantis : « *Tes concurrents me l'ont dit, il faut que je les venge… »* et je terminais en évoquant la sortie du texte administratif : « *et par un seul décret, le Ministère rend le dégorgeoir, pour tout le monde obligatoire, sans autre forme de procès ! »*

Grâce au grand La Fontaine, j'ai alors obtenu un franc succès : ainsi André Bouyet, Président de la Fédération des Syndicats Mytilicoles est venu me féliciter en assurant, suprême compliment, que j'étais « un vrai mytiliculteur », et le Docteur Maurin en souriant m'affirmer qu'il me répondrait par un sonnet…

Une bonne ambiance qui permettait d'atténuer bien des tensions.

30) <u>Forages sur la dune.</u>

La Cabane dite « La POULETTE » sur le cordon dunaire.

Il se trouve que je possédais sur la dune une toute petite bicoque, elle avait pour nom « la Poulette » et était située au nord de la plage de Coutainville, en dehors de la zone protégée par sa digue.

Elle avait autrefois été l'annexe d'une belle villa baptisée « Moïse ».

Avec un tel nom (il ne faut jamais tenter le diable), cette « villa Moïse », avait été tout naturellement, un jour de tempête, emportée par la mer.

J'ai eu l'idée, en décembre 79, de faire réaliser un forage sur mon terrain, près de la Poulette, par une société qui venait de s'installer dans la région voisine de Créances pour l'irrigation des célèbres carottes.

Le forage sur la dune de Coutainville.

J'ai fait analyser l'eau abondamment obtenue : elle avait la salinité de l'eau de mer et, m'a-t-on assuré, était stérile, ne contenant strictement que de l'eau et du sel.

Une eau idéale pour alimenter les fameux dégorgeoirs, et une bonne solution pour tous les collègues qui les avaient contestés avec moi et qui finalement avaient risqué gros en me suivant fidèlement.

C'est ainsi que, dans la première sortie de janvier 1980 de notre magasine « Pleine Mer » j'annonçais cette découverte.

A partir de celle-ci, j'ai pu obtenir, avec l'appui des Autorités, notamment de la commune d'Agon, que l'on puisse réaliser entre Coutainville et la cale de Blainville, sur 200m de rivage, une base conchylicole face à la mer.

Les forages individuels, à seulement 4 à 5 mètres de profondeur, nous ont permis dans un mélange de sable et de gravier, d'obtenir, toute l'année, une eau salée à température constante, tant en hiver, qu'en été, avec un coût financier extrêmement modeste.

Ainsi, avec une vingtaine de collègues, conchyliculteurs et pêcheurs nous avons fondé un GIE (groupement d'intérêt économique), et obtenu le feu vert pour construire la base conchylicole de Coutainville.

Celle-ci n'a pas été obtenue facilement. On m'a fait savoir qu'il fallait absolument (histoire, sans doute, de se plier aux habitudes), que nous construisions une prise d'eau à la mer. Une exigence farfelue puisque nous voulions utiliser le système des forages. On m'a dit, « c'est à prendre ou à laisser ». Bien sûr, j'ai pris, et fait comme si j'acceptais l'impensable: une prise d'eau en mer, avec un réseau de redistribution à tous les adhérents du GIE.

En passant, il me faut donner ici une précision :

Une prise d'eau en mer ne permet pas le pompage 24 heures sur 24, car pendant la basse mer, elle se trouve émergée, sauf si la buse qui l'alimente se trouve placée en permanence sous la laisse de basse mer, c'est-à-dire, en face d'Agon et de Blainville, à tout de même plus de 4kms de la côte. On imagine le coût d'une telle alimentation.

Autre inconvénient de la prise d'eau en mer: si la mer devient polluée par une marée noire, l'eau qu'elle pompe, l'est aussi.

Aussi, une fois les autorisations administratives obtenues, j'ai, par lettre recommandée, exprimé le renoncement de notre GIE à la prise d'eau en mer.

Ma tromperie, pour la bonne cause, n'a pas plu à tout le monde, et, avec des arguments du genre : « votre système d'approvisionnent en eau de mer n'a pas fait ses preuves…il va falloir attendre… », on nous a menacé de geler la création de notre base. C'est alors que nous avons bénéficié de l'appui précieux de Mlle Soudan, qui a débloqué la situation (et prouvé qu'elle ne me tenait pas rigueur d'avoir, si longtemps ferraillé contre elle, dans « l'affaire des dégorgeoirs »).

De nombreux augures avaient prédit, en 1981, que notre base, située au bord de la plage, serait très rapidement, un jour, emportée par la mer au cours d'une tempête.

Elle se trouve toujours présente sur sa dune intacte et les

utilisateurs de cette base de Coutainville disposent d'un outil merveilleux aux charges financières très faibles, et bien desservie par la cale de Blainville qui lui offre l'accès à un large estran conchylicole.

Photo de la cale de la Blainville Pleine Mer N°140 de Mai 90

31) Une base mytilicole à Agon ?

Notre Profession, dès1980, a présenté à l'Administration, un dessin de la zone mytilicole de la Pointe d'Agon sur lequel figuraient Agon-Coutainville, Blainville et Gouville ainsi que l'emplacement des sièges d'exploitation des professionnels y travaillant.

Elle y avait rapporté, d'un trait, les circuits que ceux-ci effectuaient à l'aller et au retour, entre leurs bouchots et le siège de leur entreprise.

Ce schéma était éloquent et consternant:. Il montrait les deux parcours empruntés par les engins mytilicoles à partir des moulières, allers et retours.

Le premier, un parcours, du bord de mer, traversait la plage de Coutainville qui, en été est le centre d'une importante présence estivale.

Le deuxième, celui des routes communales, commence par la montée de la dune face aux rochers dits « des moulières » puis se prolonge par les routes d'Agon, de Blainville, puis de Gouville.

Pour les mytiliculteurs, ces deux trajets étaient détestables :

- Par les nuisances qu'ils occasionnent à l'environnement et au tourisme.

- Par les risques qu'ils sont obligés d'y subir.

En effet le terrain du bord de mer, sur l'estran, est quelques fois peu stable. Travaillé tous les jours par la mer, il est souvent mouvant et propice à un enlisement qui peut se traduire par des pertes sérieuses de temps et de matériel.

Quand au deuxième trajet, il implique une remontée de la plage jusqu'à la dune, toujours périlleuse avec des engins sérieusement chargés de moules. Là encore les enlisements y étaient fréquents, aux conséquences tout de même limitées, grâce à l'entraide s'exerçant entre collègues.

C'est pourquoi, la profession conchylicole avait préconisé, depuis 1980, la construction d'une base mytilicole, face à la mer, au sud des implantations des Bouchots mais suffisamment éloignée de la zone touristique de la Pointe d'Agon qu'il convenait de protéger.

Un projet avancé, réalisé par le géomètre du CIC, Mr Payeur, avait été sur le point d'être agréé.

Il a été, malheureusement rejeté d'extrême justesse, cependant que, demi -victoire, celui de la base ostréicole de Coutainville était accepté.

Quand j'assiste encore maintenant au ballet de ces tracteurs chargés de pieux ou de moules traversant et encombrant les routes touristiques d'Agon-Coutainville, et venant de Blainville ou de Gouville, je me sens en partie coupable et responsable de ce gâchis, pour ne pas avoir été avoir été suffisamment persuasif près des décideurs et ne pas avoir obtenu la création de cette base mytilicole si essentielle, tant pour le Tourisme que pour les exploitants.

En 1995, le Département de la Manche a lancé, sans consulter la profession, la construction d'une cale devant les moulières.

Cette décision, qui ne tenait aucun compte des principaux

besoins réels sur le terrain, n'était absolument pas la bonne :

Elle ne faisait qu'améliorer, pour les mytiliculteurs, le deuxième parcours que je viens d'évoquer (celui par les routes communales).

Enfin, les « écologistes » de « Manche Nature », ont découvert une sérieuse irrégularité : la demande, apparemment bâclée, du permis de construire, n'avait pas respecté toutes les règles de l'instruction.

«Manche Nature » a attaqué la construction de cette cale déjà édifiée ! Il a gagné en première instance au Tribunal Administratif, et perdu en final au Conseil d'Etat.

Et de toute façon, les mytiliculteurs sont restés avec leurs problèmes, et la station balnéaire de Coutainville avec ses nuisances.

32) <u>Les permis poids-lourds (intervention auprès du ministre Le Theule)</u>

Je peux évoquer ici un problème que notre section normande a eu à traiter et qui a mobilisé pas mal d'énergies.

Celui des permis-poids lourds « PL » pour la circulation des engins conchylicoles.

Nous avions découvert en 1980, avec étonnement, que les conchyliculteurs selon le type de leur couverture sociale, étaient ou non dispensés de la détention de ces permis PL.

Sur la côte Ouest du Cotentin, on trouve des conchyliculteurs provenant de la pêche, et la pratiquant encore de temps en temps (par exemple pendant la « période des seiches »). Ils dépendent du régime social de la Marine (l'ENIM).

Mais il ya aussi beaucoup de conchyliculteurs qui n'ont jamais été pêcheurs et proviennent de l'agriculture ou de toute autre profession. Ceux là sont affiliés à la MSA (Mutualité Sociale Agricole), le régime de l'agriculture.

La règle concernant la conduite des engins conchylicoles était simple :

Pour le « conchyliculteur ENIM » : permis PL obligatoire.

Pour le « conchyliculteur MSA » : pas de permis PL. obligatoire, pour l'exploitant, ses employés, et ses enfants de plus de 18 ans.

Est-il nécessaire de préciser que cette règle stupide était bafouée tous les jours : les « conchyliculteurs ENIM » dépourvus de permis PL, conduisaient leurs engins, tout comme leurs « collègues MSA ». Et la Gendarmerie, qui avait manifestement reçu des consignes, et respectait le travail des conchyliculteurs, les laissait tranquilles. Mais alors, me direz-vous, où était le problème ? Et pourquoi vous en êtes-vous mêlés ?

En réalité les compagnies d'assurances que nous avions contacté, n'avaient pas pu nous garantir, qu'en cas d'accident grave, elles pourraient « oublier » l'absence du permis PL.

Voilà pourquoi nous sommes intervenus !

Le député de la Manche Baudoin, également à l'époque maire de Granville avait bien voulu prendre en main notre dossier.

Il me proposa de m'emmener voir le Ministre des Transports, le Theule, alors en charge de la conchyliculture, certain de pouvoir facilement régler cette affaire insensée. Celui-ci nous a reçu dans son bureau à Paris.

A notre stupéfaction, il fut inflexible : pas question de changer la législation ! C'est ainsi que le député Baudouin et moi-même, sommes revenus, à Granville bredouilles.

Quelque temps plus tard, Olivier Stirn, élu de la ville de Vire, très proche du département de la Manche, est devenu ministre du Tourisme.

Mes collègues, contre mon avis, m'ont incité à lui écrire et à lui exposer notre problème. Ce que j'ai fait bien malgré moi.

Tout naturellement Stirn s'est adressé à le Theule et en a obtenu une réponse écrite, datée du premier février 1981, et digne de figurer dans les archives. Je l'ai publiée dans Pleine Mer.

Dans la première partie de sa missive, le ministre le Theule reconnait les droits des conchyliculteurs MSA en matière de permis PL, un soulagement pour ceux qui craignaient que notre requête n'aboutisse finalement qu'à nous faire mettre tous au régime PL obligatoire.

Mais dans sa deuxième partie le ministre s'éclate :

« Les dispenses du PPL ne peuvent, pour des raisons évidentes (SIC) de sécurité routière, être « étendues à d'autres activités professionnelles, en particulier aux conchyliculteurs marins. « Si elles étaient accordées à ces catégories professionnelles, cela entraînerait une multitude « de demandes de tous les utilisateurs de matériel agricole ne bénéficiant pas du fioul « détaxé et astreints à la possession du permis de conduire, c'est-à-dire notamment, les « municipalités, les travaux publics, de nombreuses usines, et les usagers s'adonnant à « l'agriculture de plaisance (SIC)».

Manifestement ces propos étaient incompréhensibles, à moins d'imaginer, qu'au sein du personnel du ministère, rédacteur de la missive, l'idée que l'on puisse rapprocher, les deux systèmes, agricole et maritime, paraissait insupportable. On se demande bien pourquoi ?

Et la circulation de nos engins conchylicoles « ENIM » a continué tranquillement, sans permis, avec la bienveillance des autorités jusqu'en1995. En effet à cette date, le ministère détenant la tutelle de la conchyliculture est alors passé, en douceur, des Transports à l'Agriculture de telle sorte que, nous a-t-on assuré, le « problème » s'il n'a pas été réglé, a du moins, tout simplement disparu.

Par la suite, la valse de la tutelle de la conchyliculture entre les ministères Transports, Agriculture, Environnement, a repris de plus belle.

Et la conchyliculture normande a poursuivi tranquillement son développement.

J'ai dit, plus haut, que nous avions, nous les Normands, attaqué l'arrêté du 15 juin 78 au Conseil d'Etat.

En octobre 1982, notre avocat, Me Foussard, nous a appris qu'il avait été cassé le 15 octobre.

Il l'avait été, pour une question de forme et non de fond :

l'arrêté avait été rejeté parce qu'il prétendait modifier un décret, ce qui, du point de vue de la hiérarchie des textes est, paraît-il impossible.

Et le docteur Maurin (directeur de l'ISTPM) m'a alors prévenu : *« vous avez gagné une victoire à la Pyrrhus, car nous allons reformuler le même texte, mais cette fois sous forme de décret. »*

En réalité, l'ISTPM n'a pas eu besoin de cette opération, car les juristes ont considéré que, par les ordonnances de 1945, il détenait tous pouvoirs en matière de salubrité des coquillages. Ainsi le fameux arrêté du 15 juin78 était totalement inutile !

De toute façon en Normandie, le problème des bassins à terre obligatoires était devenu obsolète : car les zones conchylicoles de Coutainville, de Blainville, de Pirou, de Lestre ou de Sainte-Marie du Mont étaient alors construites ou en cours de l'être.

33) <u>Contrôles sanitaires réguliers.</u>

Comme je l'ai évoqué ci-dessus de 1964 à1974 ; pour obtenir un numéro d'agrément sanitaire permettant de vendre et d'expédier des coquillages, il suffisait que le conchyliculteur, après voir fourni des coquillages salubres de sa production, dispose d'un local équipé d'une dalle de lavage et d'une prise d'eau de la ville.

Mais par la suite, après la menace du dégorgeoir obligatoire et les analyses de la profession réalisées, avec le concours des Services Vétérinaires, entre avril 73 et avril 75, l'ISTPM a commencé à s'intéresser à l'étude systématique de la qualité bactériologique des huîtres et des moules expédiées par la côte ouest du Cotentin. C'est ainsi que le docteur Mazières de l'ISTPM a mené en 1980 et 1981, une étude sur 22 sites.

Il a prélevé 329 échantillons et effectué 987 analyses.

Les résultats de cette étude, publiés dans le bulletin Pleine Mer ont mis en évidence une très légère pollution provenant des Havres de la côte et notamment de celui de la Sienne. Ils ont confirmé les bons résultats obtenus sur les sites de stockage avant expédition, de Blainville et d'Agon.

Mais finalement l'exigence d'analyses régulières s'est peu à peu imposée.

Ainsi, chaque quinzaine, les Services Vétérinaires de la Manche viennent, par exemple, faire des prélèvements chez les expéditeurs du GIE de Coutainville.

Un système qui ne peut que renforcer la confiance et la sécurité du consommateur et que nous sommes heureux d'avoir contribué, avec notre « Syndicat de Défense » et grâce aux Services Vétérinaires, à mettre en place.

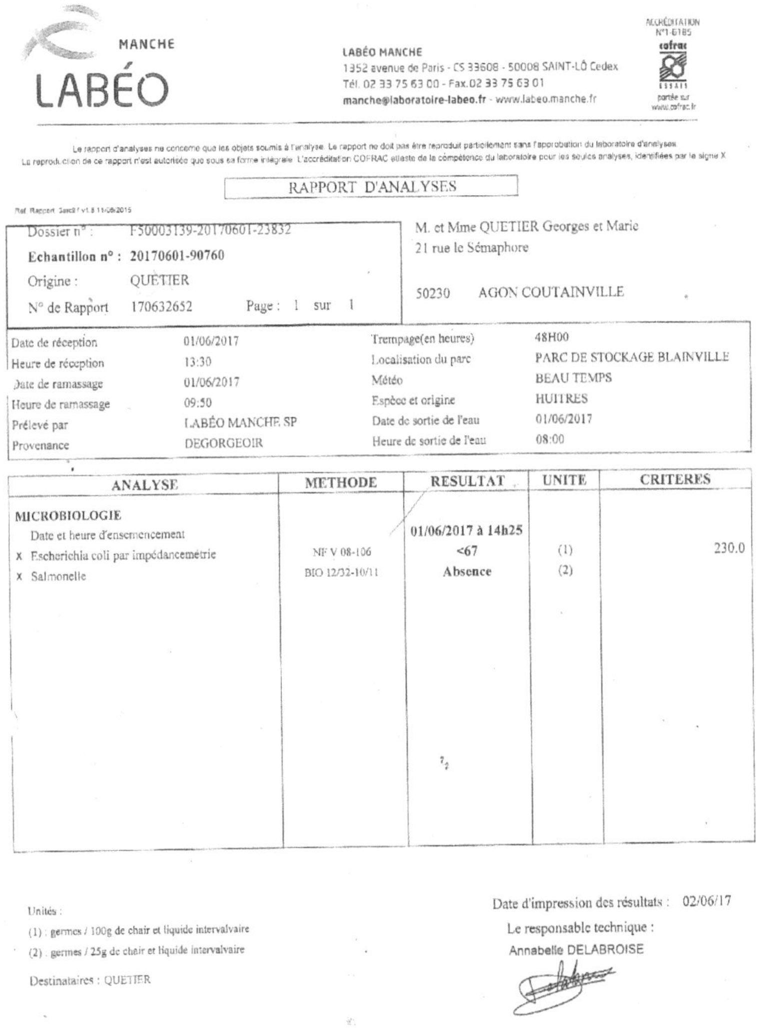

MANCHE
LABÉO

LABÉO MANCHE
1352 avenue de Paris - CS 33608 - 50008 SAINT-LÔ Cedex
Tél. 02 33 75 63 00 - Fax.02 33 75 63 01
manche@laboratoire-labeo.fr - www.labeo.manche.fr

ACCRÉDITATION
N°1-6185
cofrac
ESSAIS
portée sur
www.cofrac.fr

Le rapport d'analyses ne concerne que les objets soumis à l'analyse. Le rapport ne doit pas être reproduit partiellement sans l'approbation du laboratoire d'analyses. La reproduction de ce rapport n'est autorisée que sous sa forme intégrale. L'accréditation COFRAC atteste de la compétence du laboratoire pour les seules analyses, identifiées par le sigle X

RAPPORT D'ANALYSES

Réf. Rapport Sand2 f v1.8 11/06/2015

Dossier n° :	F50003139-20170601-23832	M. et Mme QUETIER Georges et Marie
Echantillon n° :	20170601-90760	21 rue le Sémaphore
Origine :	QUETIER	
N° de Rapport	170632652 Page : 1 sur 1	50230 AGON COUTAINVILLE

Date de réception	01/06/2017	Trempage(en heures)	48H00
Heure de réception	13:30	Localisation du parc	PARC DE STOCKAGE BLAINVILLE
Date de ramassage	01/06/2017	Météo	BEAU TEMPS
Heure de ramassage	09:50	Espèce et origine	HUITRES
Prélevé par	LABÉO MANCHE SP	Date de sortie de l'eau	01/06/2017
Provenance	DEGORGEOIR	Heure de sortie de l'eau	08:00

ANALYSE	METHODE	RESULTAT	UNITE	CRITERES
MICROBIOLOGIE				
Date et heure d'ensemencement		01/06/2017 à 14h25		
X Escherichia coli par impédancemétrie	NF V 08-106	<67	(1)	230.0
X Salmonelle	BIO 12/32-10/11	Absence	(2)	

Unités :

(1) : germes / 100g de chair et liquide intervalvaire

(2) : germes / 25g de chair et liquide intervalvaire

Destinataires : QUETIER

Date d'impression des résultats :   02/06/17

Le responsable technique :

Annabelle DELABROISE

Photo d'un résultat d'analyse réalisé par les Services vétérinaires

34) <u>Vente « en direct »</u>

Grâce au système de contrôle que je viens d'évoquer, concrétisé par l'utilisation d'un numéro d'expédition devant être apposé sur chaque colis d'huîtres et de moules, les conchyliculteurs ont la possibilité de commercialiser eux-mêmes tout ou partie de leur production.

C'est ainsi que s'est développé une vente directe sur place (particulièrement dans des zones touristiques du bord de mer) et que de nombreux producteurs proposent leurs huîtres et moules sur les marchés provinciaux, ou vont les livrer eux-mêmes à des détaillants ou des restaurateurs, avec lesquels ils entretiennent souvent des relations d'amitié.

Cette vente directe, même limitée, permet à la profession conchylicole de s'affranchir des pressions que les Grandes Surfaces pourraient exercer sur eux par l'intermédiaire de leurs centrales d'achat.

35) <u>La tempête d'octobre 1987.</u>

Je dois tout de suite préciser que les tempêtes, nous, les Normands du Cotentin, sommes bien placés pour les connaître. Nos tables et les poches qu'elles supportent, résistent aux vagues des nombreux coups de vent subis chaque année. Certes, il arrive, qu'ici ou là, quelques poches, pas assez bien fixées par un ostréiculteur trop pressé ou étourdi, puissent se détacher, ou encore qu'une table se renverse sous l'action des vagues dans une mer déchaînée. Mais généralement les dégâts sont faibles, surtout s'ils sont rapidement réparés.

Le 15 octobre1987, il en fut tout autrement.

Il faut dire que cette tempête qui a frappé cette nuit là, la côte ouest du Cotentin fut absolument unique. Personne, même parmi les plus anciens, n'avait vu cela.

En effet, pendant toute une nuit, le vent d'une violence énorme (anémomètre de Granville bloqué à 220 Kms) avait gardé la même direction: soufflant sans dévier du sud vers le nord, et je reste persuadé que c'est cette constance directionnelle qui a été la cause principale de la catastrophe.

Je précise que les tempêtes frappant les côtes françaises, commencent généralement par des vents soufflant du sud-ouest, ceux-ci passant ensuite à l'ouest, pour finir au nord-ouest.

Nous étions en période de mortes-eaux, la quasi-totalité de nos huîtres, se trouvait sous plusieurs mètres d'eau, donc peu sensibles à l'action des vagues.

C'est donc avec une certaine tranquillité que nous avons entendu, le soir du 15 octobre, les avis de la météo.

Coïncidence curieuse, la télévision de Francfort était venue à Agon-Coutainville pour faire un reportage sur notre profession. J'en avais accueilli les responsables. Ils m'avaient invité le soir, au restaurant Hardy. Au cours du repas, ils m'ont expliqué qu'ils souhaiteraient, pour la réussite de leur tournage, que j'organise pour eux, le lendemain, un événement, ou une réunion avec les professionnels. Sans grande conviction, je leur ai répondu que j'essaierai de faire quelque chose. A la fin de la soirée, dans leurs propos, entre eux, il était beaucoup question de « Sturm». Je les ai alors assurés qu'une tempête, ici était un événement banal, ne faisant pas peur aux conchyliculteurs que nous étions !

Et, comme bien d'autres je suis rentré chez moi me coucher tranquillement. Hélas, cette nuit, tout le monde l'a vécue comme un enfer, une désolation : arbres arrachés, toitures envolées, poteaux téléphoniques et électriques abattus coupant les routes etc.

La force d'un vent, ayant gardé la même orientation sud-nord pendant des heures, avait transformé la mer en un torrent furieux renversant tout sur son passage. J'ai par la suite recueilli le témoignage de mon ami de Pirou, Daniel Robert, qui revenait, cette nuit là, de Paris où il était allé vendre ses huîtres. Avant d'aller se coucher, il était allé voir la mer. Dans la nuit, à la lumière de ses phares, il avait observé les bulotiers, (petits bateaux de pêche affectés à la pêche aux bulots), amarrés en mer, près de la côte : « *Tous dressés vers le sud, et pourtant immobiles, ils semblaient avancer sur l'eau à toute vitesse, leurs étraves fendant la mer, comme le font des torpilleurs lancés à toute vitesse* » (selon les propres termes de Daniel).

La plupart de nos parcs étant encore sous l'eau, (j'ai dit que nous étions en période de mortes-eaux), l'étendue du désastre en mer, n'était pas encore visible le lendemain. Pourtant, dès le matin, sur la plage de Gouville, déjà des amoncellements de tables tordues, apparaissaient dans le creux des vagues, cependant que de nombreux collègues affolés, essayaient, souvent en famille, de sauver quelques poches ici ou là.

Bien sûr, la télévision allemande était là, et ne se privait pas de faire, sur la grève des allers et retours de 4x4 équipés de caméras, un travelling de rêve pour leur documentaire. Elle n'avait plus besoin de moi pour leur organiser un « événement ».

Comme, en France, seule une petite partie du territoire avait été frappé, les médias n'ont pas trop fait leurs gros titres sur cet ouragan du 16 octobre 1987. Il faut dire aussi qu'à la même période, une tempête d'une rare intensité, et mondiale celle là, ravageait la Bourse et ses places financières.

Quelques jours plus tard, un premier bilan, provisoire, a pu être établi dans le Cotentin. Pratiquement, sur la côte ouest tous les parcs avaient été frappés, et certains détruits presqu'entièrement, même les plus profonds, comme on le découvrira au cours de la future grande marée.

Les règles de l'hydraulique avaient permis à quelques rares tables d'échapper au massacre, car elles se trouvaient au nord ou au sud d'un rocher qui les avait protégés du torrent dévastateur sud-nord. En fait, près de 80% de la production ostréicole de la côte ouest du Cotentin avait été perdue corps et biens.

Quand aux pieux à moules, fichés solidement dans le sol, ils étaient, bien sûr, restés sur place, mais une grande partie de leurs grappes de moules, avait, elle aussi, souffert.

Les plus frappés étaient les ostréiculteurs, au moins 150 d'entre eux étaient en grande partie ruinés : plus d'huîtres à vendre et plus de matériel sur leurs parcs. La mer avait tout embarqué.

Photo du Pleine Mer N°89 de Nov 87 : La catastrophe

36) <u>Les aides de l'Etat.</u>

Par une coïncidence curieuse, le ministre de l'intérieur, Charles Pasqua devait se rendre à Cherbourg le 16 octobre, le lendemain de la tempête. Dès son arrivée, dans la soirée, il avait été accueilli par les élus du département et notamment par Jean-François le Grand sénateur et élu local de la ville de Lessay, centre de la zone ravagée. Ces élus furent d'excellents avocats des malheurs des conchyliculteurs, de telle sorte que Pasqua leur a promis : «le gouvernement les aidera ! »

Et, quelques jours plus tard, Ambroise Guellec, Secrétaire d'Etat à la mer, est venu à Blainville, où je lui ai fait visiter les parcs dévastés.

Sur la côte ouest du Cotentin : ne pas perdre de temps

Si Ambroise Guellec, attendu avec intérêt par les ostréiculteurs de la côte ouest du Cotentin, a pu mesurer l'ampleur des dégâts causés par la tempête, il a aussi pris note du dynamisme manifesté par la profession conchylicole. Deux aspects étroitement liés que le secrétaire d'Etat à la Mer s'est déclaré prêt à soutenir. Financièrement d'abord en complétant les aides au titre des calamités agricoles par celles touchant à la reconstruction des zones d'élevage, à hauteur de 50 %. Devant l'inquiétude de certains ostréiculteurs, Ambroise Guellec a souligné son intention de ne pas perdre de temps.

« Tout ira très vite. » Les ostréiculteurs ont jusqu'au 25 novembre pour adresser à l'administration leurs factures d'achat de poches, tables, rachat de naissain ou de demi-élevage, de pieux de bouchot. L'indemnisation se fera sur la base de 50 % du montant. « Il faut reconstituer votre capital. » Pour la perte du produit commercialisable (4 500 tonnes sur les 9 000 prévues), l'aide se fera à concurrence de 10 %. Toutefois, elle s'assortit de prêts bonifiés, d'un soutien de trésoreries. Ce, afin d'honorer les commandes, de satisfaire la clientèle, en préservant les circuits de commercialisation. Concrètement, la possibilité d'acheter des huîtres d'autres bassins. Le département de la Manche, pour sa part, étudie l'octroi d'aides, selon le même principe. Enfin, des directives sont données pour aménager le paiement des charges sociales.

Au-delà du sinistre, Ambroise Guellec a constaté le dynamisme des conchyliculteurs bas-normands.

Et les taxes parafiscales ?

Ces mesures devraient mettre du baume au cœur des ostréiculteurs, comme cette femme qui a tout perdu. « Si je ne suis pas aidée, j'arrête l'activité ! »

De son côté, Georges Quétier, président de la section régionale du CIC, a profité de cette visite pour demander à nouveau la possibilité d'augmenter les taxes parafiscales. Un vieux cheval de bataille aujourd'hui d'actualité. « Aider les victimes en prenant le relais des banques, sans se substituer à elles. » Mais aussi pour la promotion de l'huître normande. La démarche sera-t-elle suivie d'effets ? A quelques semaines du coup de feu des fêtes de fin d'année, la visite d'Ambroise Guellec a réconforté l'ostréiculture du Cotentin.

Gérard LE SQUÉRENT.

Photo du magazine le MARIN N°13 de Nov 87

Il m'a assuré que des aides importantes seraient accordées, notamment, la principale : une subvention de 50% versée aux sinistrés, sur présentation de factures de rachat d'huîtres, de tables, de poches et d'autre matériel de parc. Un pareil taux d'indemnisation-subvention ne s'était jamais vu en matière de catastrophes naturelles conchylicoles. Et je me souviens que, lors d'une réunion suivante à Paris de notre Comité National, quand j'avais annoncé ce taux de 50%, les collègues, incrédules, m'avaient tout simplement traité de doux rêveur.

Les dossiers de calamité ont été instruits avec rigueur, compétence et grand soin, sous la direction de l'Administrateur Garand, (avec photos aériennes et contrôle sur le terrain par ses agents (notamment par le regretté Michel Letrouvé).

Et cette opération d'aide aux sinistrés, a si bien fonctionné, qu'un an après la catastrophe, la profession avait, sur la côte, en grande partie pansé ses plaies et retrouvé son dynamisme.

Troisième partie :
MORTALITE DES HUITRES.

1) <u>Octobre 87 à juillet 2008.</u>

Après la tempête d'octobre 87, l'ostréiculture normande et nationale avait bénéficié d'un régime de croisière satisfaisant, avec toutefois une exception : la canicule de l'été 2003 qui a causé de sérieuses pertes sur certains parcs, notamment sur la côte est du Cotentin.

Je pensais alors que la Conchyliculture française avait suffisamment payé de tribu à l'adversité et à la malchance, pour bien mériter de vivre et prospérer paisiblement.

Je m'étais trompé, car en juin 2008, une mortalité inexpliquée, vite baptisée « surmortalité », s'est abattue avec violence sur toute l'ostréiculture française.

2) <u>Apparition des mortalités de juin juillet 2008.</u>

Ainsi, quand en juin et juillet 2008, avec mes collègues ostréiculteurs, nous avons constaté les dégâts sur les parcs ostréicoles, (80% sur certains sites !) nous étions sidérés et consternés.

En fait quatre caractéristiques de ces mortalités étaient flagrantes :

a.   <u>La date :</u>

L'hiver 2008, particulièrement pluvieux, a été suivi par un

printemps et un début d'été bien ensoleillé notamment pendant la période du solstice, ce qui a généré des efflorescences de micro-algues, avant-garde d'un phénomène dont on va parler ci-dessous « l'eutrophisation ».

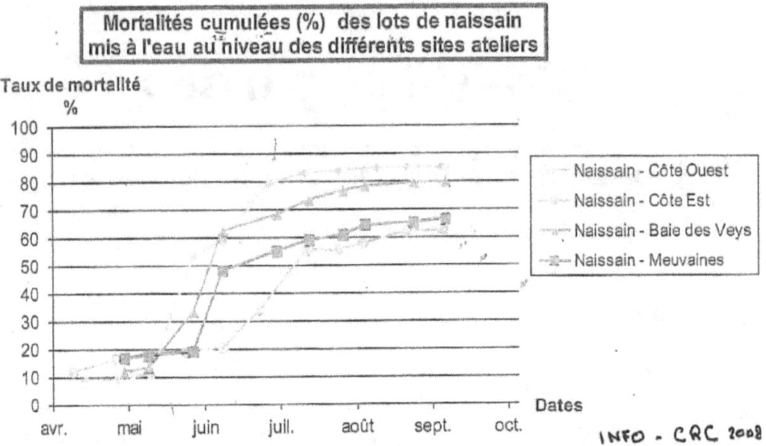

Diagramme mortalités par dates : le mois de juin est la période sensible.

b.   <u>La condition des huîtres :</u>

Les huîtres moribondes étaient bien en pousse et bien en chair.

c.   <u>La sélection de la mortalité :</u>

Les petites huîtres crevaient plus que les moyennes et les moyennes plus que les grosses.

d.   <u>La simultanéité géographique :</u>

La mortalité touchait en même temps des parcs isolés les uns des autres, ce qui semblait exclure l'hypothèse d'une contamination épizootique.

3) <u>Première réflexion sur les causes de cette subite et brutale mortalité</u>

Comme je viens de le souligner, la mortalité était sélective : fonction de la taille de l'huître. J'ai tout de suite pensé que cette anomalie était pleine de signification et pourrait nous aider à établir un diagnostic:

La première question qu'il convenait de se poser était bien celle-ci : quelles sont les différences qualificatives entre les petites et les grosses huîtres? Chez les petites le rapport surface/volume est plus important que chez les grosses. Elles sont ainsi, plus que ces dernières, en contact avec l'extérieur.

C'est ainsi qu'elles sont plus sensibles que les grosses à l'agitation de l'eau, qui, en les cognant sur les parois d'une poche ou entre-elles, peut les ébrécher, les blesser. Elles subissent, plus que les autres, les dégâts produits par une élévation brutale de température. Cette dernière propriété est du reste mise en pratique par les conchyliculteurs voulant se débarrasser d'un captage de naissain d'huître inopportun subi quelque fois par leurs huîtres de taille marchande : ils les trempent alors, pendant un temps très court et contrôlé, dans de l'eau bouillante qui tue les naissains indésirables et épargne les grosses huîtres, une méthode similaire est utilisée pour débarrasser les huîtres des naissains de moules risquant de les étouffer.

4) Le métabolisme de base.

Avant de tirer toutes les conséquences de ces constatations, il est bon de rappeler que les organismes vivants sont le siège de réactions physiques et physicochimiques qui leur permettent de vivre et de croître. L'ensemble de ces réactions est appelé métabolisme par les scientifiques, qui, pour chaque individu, mesurent cette valeur de base, par la quantité d'oxygène qu'il consomme, à jeun et au repos.

Et il faut bien admettre que le potentiel vital des petites huîtres, est bien supérieur à celui des grosses.

Ainsi une petite huître, disons d'un millimètre de diamètre, va mettre, par exemple, huit jours pour doubler de volume, cependant que sa consœur de taille moyenne ne va, dans les mêmes conditions, opérer son doublement qu'en six mois.

Rappelons encore qu'une huître, comme tout être vivant a besoin pour subsister : d'eau, de nourriture et d'oxygène.

En mer, l'eau ne manque pas. L'absence de nourriture ne fait mourir qu'au terme d'une longue privation. Quand au manque d'oxygène il a un effet immédiat et brutal : l'asphyxie.

Et pour ces raisons, dans un milieu perturbé, on comprend que c'est la disette en oxygène qui va frapper en premier la petite huître.

Ainsi, par cette sélectivité de la mortalité, on pouvait légitimement penser que la dégradation du milieu et son insuffisance en oxygène étaient en cause dans le phénomène du printemps 2008.

5) <u>Mes rencontres avec la sous-oxygénation du milieu aquatique :</u>

Je dois préciser ici, qu'en 2008, j'avais déjà rencontré plusieurs fois le phénomène de sous-oxygénation.

Ma première rencontre avec lui, c'était en Bretagne, sur la côte de Pénestin où j'étais venu, invité par mon collègue et ami Pascal Métayer. Au cours de cette visite, il m'a annoncé qu'il venait tout juste de sauver une bonne quantité de bars, venus, moribonds, s'échouer sur le rivage, en les plaçant dans son bassin dégorgeoir, sous une forte aération.

La deuxième, c'était à Agon-Coutainville, dans les années 90, sur la mare communale dite « Mare de l'Essay » exploitée par une « société amicale » pour y exercer une petite pêche de loisir et la location, l'été, de quelques pédalos.

J'étais à l'époque, maire de la commune.

Les poissons de cette mare, dont une quantité de magnifiques carpes, se sont mis brutalement à crever en masse, un vendredi du mois de juin.

Mes adjoints souhaitaient qu'on envoie des poissons crevés au laboratoire des Services Vétérinaires de Maison-Alfort. Ce qui a été fait.

Ils pensaient que les analyses mettraient en cause des rejets agricoles toxiques qu'il convenait de faire cesser.

En même temps, ils m'ont demandé de réunir le Conseil

Municipal et de provoquer une réunion de la société de Pêche.

Contre leur demande, (le temps pressait : tous les poissons allaient crever), j'ai seulement mis en œuvre la méthode que Pascal Métayer m'avait enseigné et ai fait placer sur la mare un aérateur flottant que j'ai emprunté à mon gendre ostréiculteur.

Aussitôt la mortalité s'est arrêtée.

Le mardi suivant, la réponse de « Maison-Alfort » est arrivée : « nous avons besoin de plus de poissons morts. Envoyez nous-en d'autres ! » Une demande impossible à satisfaire : nos poissons étaient tous guéris !

Afin de comprendre le pourquoi et le comment de ces situations mortifères, je me suis adressé, alors tout simplement à la littérature scientifique.

Dans celle-ci, j'ai pu trouver des références abondantes à un phénomène appelé « eutrophisation » qui paraissait très bien correspondre à mes interrogations.

C'est une forme de dégradation du milieu aquatique qui se produit quand celui-ci reçoit trop de nutriments, ce qui perturbe son équilibre biologique et entraîne une diminution drastique de l'oxygène dissous.

Quels sont ces nutriments, dont il est fait mention ici, et quel est leur rôle sur les végétaux et animaux peuplant le milieu liquide ?

6) <u>Les nutriments en cause :</u>

Parmi ceux-ci figurent presque essentiellement des produits à base d'azote (appelé aussi nitrogène).

En effet cet azote est un constituant basique de la matière vivante (avec, mais à un moindre degré, le phosphore).

On le trouve notamment dans les acides aminés, dans les protéines et dans l'ADN du noyau cellulaire.

Voilà ce qui permet de comprendre l'attirance de la vie pour cet élément.

Son principal réservoir est l'air qui en contient 78%.

Mais l'azote atmosphérique est inerte car formé de molécules diatomiques dans lesquelles les atomes sont reliés deux par deux par une force si puissante que cet azote là est inaccessible à la vie végétale et à la vie animale qui en dépend.

On pourrait dire, de façon imagée, que la cellule vivante, pour faire son marché en azote, a besoin d'avoir en face d'elle des molécules dans les quelles l'azote convoité, ne se trouve engagé avec d'autres atomes (oxygène, hydrogène, carbone ou même azote) que par des liaisons, simples, normales, ce qui est le cas par exemple dans les cations et anions des nitrates ou des nitrites.

Il y a bien dans la nature une exception à cette règle d'inaccessibilité de l'azote atmosphérique, c'est celle des légumineuses qui abritent dans leurs racines une bactérie capable de briser la solidité de la molécule N2 et de produire ainsi des composés azotés fertilisants.

C'est ainsi que la culture du trèfle ou de la luzerne enrichit en azote le sol où ces légumineuses sont cultivées en alternance avec d'autres plantes.

Mais cette propriété, tout de même très spécifique, est bien incapable d'assurer la fertilisation de toutes les exploitations agricoles.

Sur la côte ouest du Cotentin, les maraîchers, comme à Créances ou à Lingreville, utilisent encore le varech qu'ils arrachent à la basse-mer sur les rochers pour amender leurs champs de carottes. Autrefois les cultivateurs extrayaient dans les havres, à l'aide de convois de carrioles tirées par des chevaux, la célèbre tangue, terre argilo-calcaire produite à partir d'alluvions marines sur lesquelles, à la basse mer, se développe une flore terrestre broutée par les fameux « moutons de près salés ». Cette récolte de la tangue faisait alors l'objet d'une véritable industrie, très efficace pour améliorer les rendements des champs du littoral.

D'une façon plus générale, il se trouve aussi que les déjections animales sont riches en produits azotés. C'est pourquoi, depuis toujours, le cultivateur-éleveur utilise comme engrais, le fumier et le lisier de ses propres animaux.

Ce recyclage étant insuffisant, au début du XXe siècle on a fait venir en Europe, à grands frais, par de superbes voiliers Cap-horniers, le fameux guano issu des fientes des oiseaux de mer des côtes chiliennes.

Cette dernière constatation illustre bien que l'on était près à payer cher pour fertiliser les terres agricoles.

7) <u>La synthèse de l'ammoniac.</u>

Mais en 1909, l'invention de la synthèse de l'ammoniac (NH3) par le savant allemand Fritz Haber, va ouvrir la voie à la fertilisation en masse de l'agriculture par des engrais industriels bon marché, qui, en décuplant les rendements de celle-ci, vont permettre l'accroissement de la population mondiale en évitant les famines que les économistes (tel Malthus) prévoyaient et redoutaient au début du 20ème siècle.

Pour obtenir cette synthèse, Haber brise la molécule diatomique N2 en mettant en œuvre de très hautes températures et de très fortes pressions.

Avec cette synthèse, l'azote est en quelque sorte domestiqué par l'homme, qui va pouvoir, non seulement créer une énorme industrie chimique, produisant des fertilisants azotés (comme le nitrate d'ammonium), mais aussi des explosifs (comme la nitroglycérine, le nitrotoluène, ou la nitrocellulose).

8) <u>Autres synthèses dans les échappements des moteurs à explosion, pollution aux oxydes d'azote.</u>

Dans les moteurs à explosion, dits encore « à combustion interne », ou encore thermiques, le carburant (essence, gas-oil, kérosène, gaz naturel, ou hydrogène) réagit avec l'oxygène de l'air en produisant une énergie utilisée à la propulsion des véhicules terrestres, maritimes ou aériens.

La réaction chimique peut s'écrire simplement : « carburant +oxygène = eau + gaz carbonique + énergie ».

Le gaz carbonique produit (CO2) est l'élément essentiel des « gaz à effet de serre » responsables du réchauffement de la planète avec toutes les conséquences néfastes et catastrophiques que l'on sait et que l'on prévoit.

Mais dans les chambres d'explosion de ces moteurs, les hautes températures et les fortes pressions entraînent aussi le cracking des molécules d'azote accompagnant l'oxygène de la combustion.

Des atomes d'azote y sont ainsi produits en abondance.

Extrêmement actifs, ils réagissent immédiatement dès l'échappement avec les atomes de l'air en formant divers oxydes d'azote (NOx). Ceux-ci, au contact de l'air humide, se transforment en acide nitrique et participent ainsi à la nitrification et à l'acidification des eaux ambiantes et de leurs écosystèmes, tout en exerçant une action très dommageable sur la santé humaine.

Ainsi la production d'énergie, par les moteurs thermiques est couplée automatiquement à l'émission, dans l'atmosphère, de gaz carbonique (CO2) et d'oxyde d'azote (NOx).

Ainsi, dans des conditions équivalentes, plus un moteur est puissant, plus il consomme de carburant et plus il pollue l'atmosphère.

9) <u>Deux types de moteurs thermiques sont en concurrence ; le moteur à essence et le diesel. Système SCR.</u>

Ils se distinguent essentiellement par leurs conditions de fonctionnement : température et pression, plus élevées dans le diesel et par le carburant qu'il consomme (Gazole).

Le rendement, ratio entre la puissance mécanique produite par rapport à la puissance thermique fournie par la combustion, est meilleur avec le diesel.

Par contre, la production d'oxydes d'azote y est relativement plus forte que dans les moteurs à essence.

De plus, le diesel émet, surtout au démarrage à froid et avec des moteurs usagés, des particules fines, fumées très dangereuses pour la santé humaine.

Face à la nocivité de ces émissions, tant sur l'environnement que directement sur l'homme, les autorités nationales et internationales ont émis des normes pour les réglementer.

Des tests de certification ont été ainsi institués.

Volkswagen, a tenté de se soustraire à la rigueur de ces tests en utilisant des logiciels de contrôle truqués. Cette fraude a été découverte en septembre 2015 et sanctionnée par de fortes amendes.

Des constructeurs de poids lourds ont mis en place des systèmes à injection d'urée dans les tubes d'échappement, système SCR.

L'urée $(NH2)^2$, riche en atomes d'hydrogène, réduit les dangereux oxydes NOx en produits inoffensifs : :azote diatomique, et eau

C'est ainsi qu'une alimentation en solution aqueuse d'urée (nom commercial AdBlue,) a été imposée aux camions et bus équipés du système SCR afin de réduire leur pollution aux oxydes d'azote.

10) <u>Les pluies acides dans la mer et sur le sol.</u>

Dans la mer, par temps calme, sur une mer plate, l'eau de pluie acidifiée par les oxydes d'azote (avec des pH de 4 à 5), ne se mélange pas immédiatement avec l'eau salée ambiante sur laquelle, plus légère, elle flotte quelque peu.

Cela est immédiatement dommageable aux larves qui nagent en surface y recherchant la lumière.

Au passage, rappelons que le pH de la mer est d'environ 8,2, c'est-à-dire qu'elle est bien basique. Un liquide au pH 7 est dit neutre, au-delà de 7, il est basique et en deçà, il est acide. La notation utilise une échelle logarithmique.

Sur le sol, l'acide nitrique de la pluie réagit instantanément avec l'environnement, généralement alcalin, en se transformant en nitrates.

Ce sont ces nitrates, que l'on retrouve dans les flaques d'eau et dans les citernes récoltant la pluie, qui vont quelques fois s'ajouter aux excédents de l'agriculture pour finir, emportés dans les rivières, jusque dans les baies et les estuaires.

11) <u>Les excédents de l'agriculture.</u>

Les cultivateurs utilisent, comme on l'a dit aux paragraphes précédents, des engrais naturels (fumier et lisier) et des engrais chimiques.

Ils en connaissent le coût et ne sont pas enclins à les gaspiller.

Ils évitent de les répandre pendant les périodes de pluies afin qu'il n'en parte pas à la rivière.

Les opérations d'épandage sont du reste encadrées par une réglementation sévère, assortie de contrôles et d'amendes en cas d'infraction.

12) <u>Deux sources d'azote polluant le milieu aquatique :</u>

On sait que grâce au progrès, la circulation des véhicules, (voitures particulières, camions, avions etc.) croît chaque année dans le monde et tout particulièrement dans notre hémisphère Nord.

Cela engendre une pollution qui devient de plus en plus importante et s'additionne, comme on vient de le dire ci-dessus, à celle provenant de l'agriculture, qui elle, stagne ou décroit notamment pour s'adapter à la réglementation que je viens d'évoquer.

13) <u>Le vase qui déborde.</u>

Quand un vase se remplit, il finit par déborder.

C'est bien ce qui s'est passé avec la pollution atmosphérique engendrée par le moteur à explosion.

Jusque dans les années 2007, il faut bien constater que celle-ci a été supportée, tolérée, tant bien que mal, par l'environnement conchylicole.

En 2008, « le vase déborde », et l'ostréiculture a été la première activité à en subir les graves conséquences.

14) <u>La photosynthèse ou synthèse chlorophyllienne.</u>

L'arrivée des produits azotés dans la mer (nutriments que nous avons évoqués plus haut), entraîne, grâce à la mise en œuvre de réactions de photosynthèse, une production abondante de matière organique et ainsi une prolifération de la vie aquatique.

Il paraît utile de donner quelques précisions sur cette

photosynthèse appelée aussi « synthèse chlorophyllienne » :

Cette réaction utilise l'énergie que lui apportent les rayons du soleil. Elle est rendue possible par la présence de pigments chlorophylliens (catalyseurs), présents dans le plancton aquatique des mers, des rivières et des lacs, ainsi que dans les feuilles, des algues, des arbres et des prairies.

Elle consomme de l'eau, du gaz carbonique et les éléments que lui apportent les nutriments évoqués ci-dessus, et elle produit des matériaux du vivant (exemple du glucose du glycogène ou de l'amidon) et de l'oxygène.

Cette synthèse chlorophyllienne se produit ainsi sur la terre et dans les mers et océans.

Il se trouve, que la production marine d'oxygène et la consommation concomitante de gaz carbonique, sont beaucoup plus importantes dans les océans que sur la Terre. C'est pourquoi certains déclarent, avec justesse, que « la mer est le poumon de la planète ».

15) <u>L'eutrophisation et ses expressions diverses</u> :

L'action de la photosynthèse dans l'eau de mer se traduit par un accroissement de la masse végétale qui s'exprime différemment selon le milieu dans lequel il se produit :

Si ce milieu est ouvert sur le large, comme c'est le cas sur la plupart des côtes françaises , et soumis aux actions des vagues et des courants, la priorité est donnée à la croissance des bactéries chlorophylliennes et aux micro-algues du plancton constituant la nourriture primaire de la chaîne alimentaire marine.

S'il s'agit au contraire d'un milieu calme, dans une baie ou dans un estuaire étroit, comme il en existe en Bretagne, c'est la production d'algues vertes, souvent de forte taille, qui sera privilégiée. Celles-ci vont pouvoir, dans des eaux tranquilles, se multiplier et augmenter leur volume. Elles deviennent ainsi de plus en plus vulnérables aux effets éventuels de vagues et de courants. Ceux-ci finissent par se manifester au cours d'une tempête ou même d'un simple coup de vent. Elles sont alors arrachées de leurs supports et viennent s'échouer sur les plages voisines.

Elles n'y restent pas longtemps fraîches et vivantes et, si elles ne sont pas ramassées rapidement, meurent et se décomposent sur place en dégageant, entre autres, des produits extrêmement toxiques…

Une catastrophe pour l'environnement et le tourisme !

- Mais la plupart des côtes françaises sont plus ou moins rectilignes, coupées ici et là par des embouchures de rivières qui apportent, dans les zones proches du rivage, les sels minéraux nécessaires au déclenchement de la synthèse chlorophyllienne avec un accroissement de la vie planctonique qui, dans un premier temps, bénéficie à tout le milieu marin.

- C'est la première phase de l'eutrophisation, la phase d'abondance, qui lui a du reste donné son nom puisqu'en grec il procède de « bonne nourriture. »

Les huîtres consommatrices de plancton, en bénéficient pleinement, elles sont mieux nourries, accélèrent leur croissance et améliorent la qualité de leur chair.

Mais cet état bénéfique ne dure pas.

En passant, soulignons que l'oxygène produit par la synthèse chlorophyllienne, ne peut rester en totalité et constamment dans le milieu liquide, car, dans l'eau, sitôt le seuil de la saturation atteint, ce gaz s'échappe dans l'atmosphère et est perdu par le milieu qui l'a vu naître.

Voilà qui va contribuer à expliquer le passage à une deuxième phase de l'eutrophisation : celle de la disette en oxygène, du stress, de l'affaiblissement, de la fragilité des organismes et éventuellement de leur mort.

Car la matière vivante respire, c'est-à-dire consomme de l'oxygène pour assurer le bon fonctionnent de son métabolisme.

Tant que la synthèse chlorophyllienne fonctionne normalement, la teneur en oxygène ne pose pas de problème, car la production de ce gaz est alors plus importante que sa consommation par la respiration. Mais cette situation se renverse dès que cette synthèse donne des signes de faiblesse :

Le ciel se couvre, l'activité des rayons solaires diminue dans la soirée, pour s'éteindre la nuit.

Alors la population marine, devenue pléthorique pendant la période d'abondance, va se servir, pour respirer, dans le stock limité d'oxygène dissous qu'elle va vite épuiser. Une insuffisance d'oxygène se manifeste bientôt, que les scientifiques appellent «hypoxie» et qui s'aggrave souvent sous l'action du vent, puisqu'il est fréquent que le soir, une brise d'amont se lève et chasse les eaux superficielles vers le large qui sont remplacées par des eaux provenant de couches d'eau plus profondes moins oxygénées.

Ce phénomène est particulièrement fréquent sur la côte est de la péninsule du Cotentin, soumise à des vents d'amont dominants de secteur ouest.

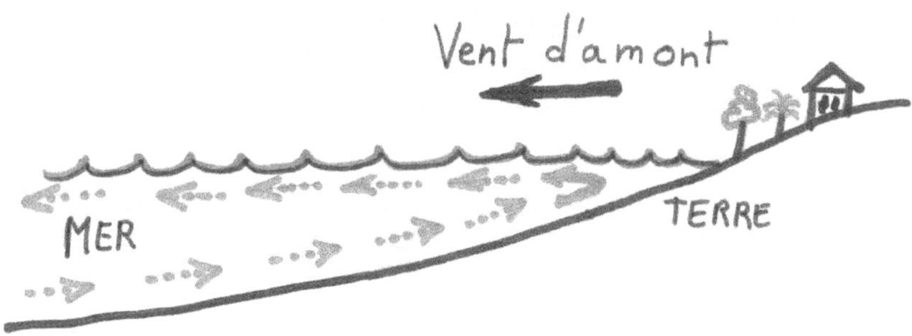

Petit dessin schématisant l'influence du vent d'amont sur l'oxygénation de l'eau : celle de surface, chassée vers le large, est remplacée par de l'eau proche du fond, moins oxygénée.

16) <u>Les travaux des chercheurs canadiens (R.C.Q.E. : Recommandations Canadiennes pour la Qualité des Eaux).</u>

Les phénomènes de sous-oxygénation de l'eau de mer, et leurs conséquences ont été particulièrement étudiés par les Canadiens sur leurs côtes du Pacifique, et je présente ici quelques extraits de leurs travaux :

Le sigle Canadien.

« *Protection de la vie aquatique.*

« *La Teneur en Oxygène Dissous (TOD) désigne la quantité d'oxygène, ordinairement mesurée en « milligrammes ou en millilitres, dissoute dans un litre d'eau. La solubilité de l'oxygène dans l'eau est « inversement corrélée à la température et à la salinité.*

« *Vie aquatique- Marine et estuarienne.*

« *Pour les eaux marines et estuariennes, la TOD minimale recommandée est de 8,0 mg par litre.*

« *EFFETS BIOLOGIQUES*

« *Il a été établi que des teneurs réduites en oxygènes produisent des effets létaux et sublétaux « (physiologiques et comportementaux) chez divers organismes.*

En passant, signalons que d'après ces chercheurs canadiens (R.C.Q.E.), la vie aquatique réagit en premier lieu à la faiblesse du milieu en oxygène dissous, en accélérant le rythme de sa respiration, un phénomène de compensation qui semble évident et qu'ils ont observé chez les poissons (saumons) et chez les invertébrés.

Ainsi, il est facile de comprendre que les huîtres, en milieu hypoxique, vont filtrer dans leurs branchies plus d'eau pour obtenir, malgré tout, le quota d'oxygène nécessaire à leur métabolisme.

Ce faisant, elles vont entraîner en même temps une augmentation de leur nutrition car, comme le déclare Ranson dans « La vie des huîtres » : « *le rôle des branchies, organe dont la fonction essentielle paraît être la respiration, est plus important encore dans la nutrition* ».

Ainsi, au moins dans le début de l'hypoxie, les huîtres vont continuer à bénéficier de conditions nutritionnelles favorables qui vont amplifier les résultats positifs déjà observés dans la première phase (celle de l'abondance) de l'eutrophisation.

Et c'est ainsi en pleine forme, en pleine santé, qu'elles vont subir la deuxième phase de l'eutrophisation, l'affaiblissement, le stress, l'attaque des prédateurs, l'asphyxie, la mort.

C'est bien ce que tous les ostréiculteurs sinistrés ont régulièrement constaté en examinant les coquilles de leurs huîtres crevées : toujours garnies de magnifiques pousses, avec, chez les rescapées, une belle teneur en chair.

17) <u>Autres phénomènes induits par l'eutrophisation :</u>

Avant de crever, les huîtres moribondes, ayant perdu leurs défenses immunitaires et devenues « plus sensibles aux maladies » (Davis, 1975, R.C.Q.E.), vont être la proie de pathogènes, virus ou bactéries, avec lesquels elles cohabitaient jusqu'à présent pacifiquement sans problème. Ces pathogènes opportunistes vont se multiplier dans les cellules mourantes (ou mortes), avant de se répandre dans le milieu marin où ils pourront être détectés.

Un dernier facteur aggrave la mortalité de cette population d'huîtres : il s'agit de la cohabitation d'organismes morts au sein d'huitres bien vivantes.

J'ai pu constater clairement un phénomène analogue en 1973, lors d'un déplacement dans l'établissement de Mr. Bastille en Sud Bretagne, au « Tour du Parc-Pen Cadénic», où j'étais venu acheter du naissain japonais et vendre quelques mannes d'huîtres plates de ma première production, comme je l'ai relaté plus haut.

Pendant qu'une employée de Bastille triait mes huîtres à la main (quatre paniers devant elle, avec une dextérité et une vitesse qui m'ont littéralement stupéfié), j'observais le sol d'un bassin légèrement mis en eau et tapissé de tourteaux.

En deux ou trois endroits, bien circulaires, le sol du bassin était vierge de toute occupation.

Comme je m'en étonnais auprès de Bastille, il me répondit : « *vous n'êtes pas un bon observateur, Quétier, car vous auriez dû voir, qu'au centre des cercles vides qui vous intriguent, se trouve un seul tourteau. C'est un tourteau mort et ses congénères, pour échapper aux effluves malsaines toxiques qui s'en dégagent, s'en écartent jusqu'à ce que la dilution et l'action purificatrice des rayons solaires les aient rendues supportables. D'où les cercles vides qui vous intriguent.*

Les huîtres, ajouta-t-il, *ne peuvent se déplacer, de telle sorte que si l'une d'entre elles, dans un casier par exemple, vient à mourir, il faut la retirer le plus rapidement possible afin qu'elle ne communique pas la « crève » aux autres.*

Je me rappelle avoir remercié Bastille pour cette excellente leçon et ai bien compris, que dans l'eau comme sur la terre, la cohabitation avec un cadavre est malsaine (c'est bien pourquoi il existe des centres d'équarrissage pour les animaux et que l'on place nos morts au cimetière.)

18) <u>Réunions professionnelles de Gouville, en juillet et août 2008.</u>

C'est bien pourquoi, au cours des deux premières réunions normandes de la profession à Gouville, concernant la mortalité, fin juillet, début août 2008, j'ai exprimé, avec force, (mais en vain !), ma conviction en demandant qu'il soit procédé à des analyses de l'eau dans laquelle nos huîtres crevaient.

Au cours de la deuxième réunion, Madame Aline Gangnery, du laboratoire de Port-en-Bessin de l'Ifremer, m'a assuré que les analyses que je réclamais à corps et à cri (mesure du pH, et de la teneur en oxygène), avaient bien été effectuées, en continu « par une balise située au large d'Isigny ». Je me souviens avoir affirmé tout d'abord, qu'une seule balise pour toute la Normandie me paraissait notoirement très insuffisant, et à ma question : « les résultats obtenus par cette balise ont-ils été corrélés aux mortalités constatées » ? Madame Gangnery m'a répondu : « pas encore, mais cela sera fait ! »

Un aveu consternant, un mois et demi après les premières mortalités !

Manifestement l'Ifremer ne semblait pas se soucier des résultats sur le terrain. Mes propos ne sont pas apparus dans le PV de cette réunion, où du reste, m'a-t-on dit, la presse n'avait pas été invitée!

En réalité les « jeux étaient déjà faits » car l'Ifremer avait déjà, à cette date, décidé que les mortalités étaient dues à l'action d'un virus pathogène qu'il avait baptisé OSHV1 (pour Ostréa Herpès Virus n°1). Et si la présence des médias n'avait pas été souhaitée à la Réunion, ce n'était pas par hasard, car les premières conclusions des journalistes n'étaient pas du tout celles de l'Ifremer, comme en témoignent leurs premiers écrits :

19) <u>Le diagnostique des médias :</u>

a. Ouest-France du 12 juillet 2008, signé Cosqueric. Il titre : « Les huîtres meurent l'estomac trop plein ».

b. Le Figaro du 11 juillet : « les huîtres françaises menacées d'un mal mystérieux… »

c. La Manche Libre du 2 août : Titre : « Mortalités des huîtres : la piste climatique » ! Suit : « …un développement anormal des phytoplanctons, nourriture des huitres, qui seraient mortes d'en avoir trop mangé…»

d. Le Monde du dimanche 17 et du lundi 18 août, en première page, au dessus d'un plan des côtes françaises, un gros titre : « LES CÔTES FRANCAISES SONT MENACEES D'ASPHYXIE »…

Il est évident que les journalistes qui ont choisi, alors, pour expliquer les mortalités ostréicoles de juin 2008, la thèse de l'eutrophisation, ne se sont pas engagés à la légère.

Georges QUETIER

Les eaux côtières sont menacées d'asphyxie

Ecologie Une étude mondiale met en cause l'agriculture et les eaux usées

On les appelle les « zones mortes ». Ces régions côtières se vident en effet de vie, peu à peu asphyxiées par la croissance excessive d'algues microscopiques, dont les restes font les délices de bactéries qui « pompent » l'oxygène présent dans l'eau. Depuis un demi-siècle, ce phénomène d'eutrophisation s'est considérablement aggravé, indique une étude publiée dans le dernier numéro de la revue *Science* : chaque décennie, depuis les années 1960, la surface des « zones mortes » a doublé, pour atteindre désormais 245 000 km².

Quelque 405 sites ont été identifiés par l'Américain Robert Diaz et le Suédois Rutger Rosenberg, qui ont réalisé le recensement le plus complet du phénomène. Les deux chercheurs soulignent cependant que celui-ci est probablement sous-estimé, faute de données disponibles dans les pays en développement. L'eutrophisation est selon eux « *un des éléments-clés du stress qui frappe les écosystèmes marins* ».

L'activité humaine est une nouvelle fois montrée du doigt : les rejets d'eaux usées chargées de matières organiques et l'utilisation des engrais (phosphates et nitrates), qui finissent dans les océans, encouragent la croissance anarchique du phytoplancton. Le lien avec l'agriculture est patent : dans le Golfe du Mexique, la « zone morte » devrait être record en 2008, en raison de la relance de l'usage des engrais aux Etats-Unis pour augmenter la production d'agrocarburants, prévoyait récemment l'Agence américaine des océans et de l'atmosphère (NOAA).

En France, l'étude publiée dans *Science* distingue 20 « zones mortes », principalement dans les estuaires et les lagunes côtières. Mais le processus d'eutrophisation y est « *épisodique, périodique ou saisonnier, et peu important* », estime Louis-Alexandre Romana, responsable de l'environnement côtier à l'Ifremer. ■

Lire page 7, l'éditorial page 2 et la crise de l'ostréiculture page 10

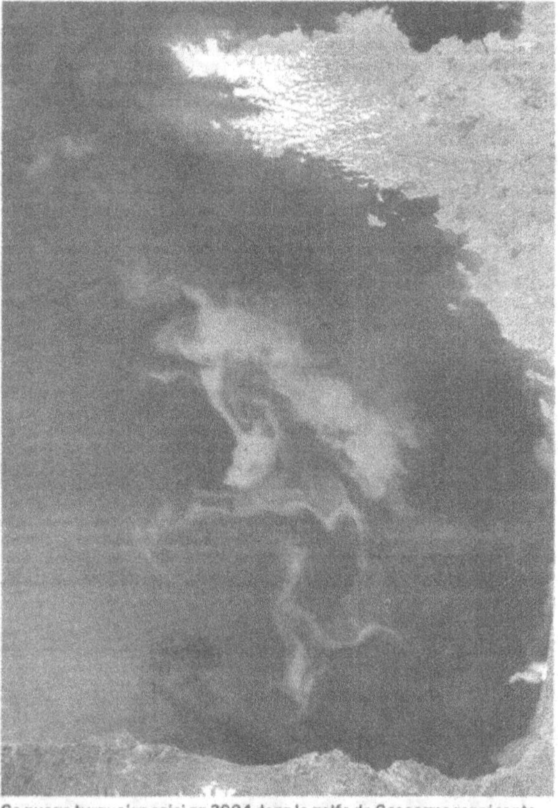

Ce nuage turquoise saisi en 2004 dans le golfe de Gascogne représente une « éclosion » naturelle de phytoplancton. Mais sur les côtes, le développement de ces algues microscopiques encouragé par les pollutions humaines peut asphyxier les eaux. JEFF SCHMATZ, MODIS RAPID RESPONSE TEAM, NASA/GSFC

Extrait du journal le Monde 2008.

Ils ont tenu compte des nombreuses études et rapports concernant l'apparition et l'extension, sur les côtes mondiales, de zones durement frappées par l'insuffisance de l'oxygène dissous dans la mer. Beaucoup de ces sites étant même qualifiés par eux de « zone mortes » :

C'est ainsi que dans leur article : « Spreading Dead Zones and Conséquences for Marine Ecosystems », les auteurs : Robert J Diaz et Rutger Rosenberg, citent notamment, la mer Baltique, les eaux danoises (Kattegat), la Mer Noire, le nord du Golfe du Mexique et « de petits systèmes » comme la baie de Chesapeake, la baie de Poméranie, de nombreux système côtiers scandinaves…

Et ils écrivent : « Le nombre de zones mortes a approximativement doublé chaque décennie depuis les années 1960 ! »

20) <u>Premières réactions en Normandie : « créer et coordonner des structures de recherche. »</u>

Mais en Normandie, dès 2008, les responsables, professionnels, techniques et scientifiques, se sont embarqués dans la thèse « pathogéniste » de l'Ifremer adoptés par les responsables professionnelles sans aucun état d'âme.

On lit en effet, dans son «édito», signé Joseph Costard, (président à l'époque, du Comité régional de la conchyliculture normande):

« Le sentiment d'appartenance à la Normandie et très rapidement l'engagement pour trouver une solution commune nous ont amené à poser les premiers jalons de ce qui deviendra le C.R.H. (Centre de Référence sur l'Huître).

*En plus des recherches d'Ifremer, tout est parti des premiers besoins d'analyse des huîtres moribondes et de l'expertise de Madame HOUSSIN en virologie…Nous avions en Normandie la chance de disposer de tous les échelons nécessaires pour devenir le **Centre de Référence sur l'Huitre (C.R.H.)** et… le professeur Mathieu est devenu progressivement le coordinateur de cette équipe.*

L'université, l'Ifremer, les laboratoires départementaux d'analyses, le SMEL, les deux lycées agricoles et maritimes, le C.E.R. et ses collaborateurs représentent un exemple unique en France dans la mutualisation des compétences et des moyens pour aller du génome à l'écosystème… »

L'exemple de l'économie des moyens s'est déjà exprimé avec la plateforme Bas-Normande de séquençage génomique de nouvelle génération SESAME (Séquençage pour la Santé, Agronomie, la Mer et l'Environnement.) SIC !

Notre Centre de Référence sur l'Huitre est ouvert sur la scène nationale et internationale :

- Le professeur Mathieu est régulièrement sollicité par le Ministère pour les assises nationales ou pour des expertises spécifiques,

- Madame Houssin est maintenant expert auprès de l'Europe et les découvertes du laboratoire départemental d'Analyse Frank DUNCOMBE et de l'Université font l'objet de publications dans les revues internationales.

Le SMEL, centre technique de référence est cité maintes fois à Paris.

Les enseignants des lycées avec des concessions expérimentales, sont les maillons indispensables avec les équipes du C.R.H. pour assurer la transmission et la formation vers les chefs d'entreprises. » ...Avec, en guise de conclusion :

« Du gène à l'écosystème en respectant l'équilibre entre le milieu et nos élevages, voilà notre objectif !.. »

21) <u>Les deux thèses :</u>

Ainsi, on peut constater que, dès 2008, pour diagnostiquer la cause des surmortalités, deux thèses s'opposent :

Celle des environnementalistes : l'eutrophisation, adoptée immédiatement par les rédacteurs des journaux et par moi-même.

Et à l'opposé, celle des « savants pathogénistes » (mettant en cause des pathogènes), présentée immédiatement par les chercheurs de l'Ifremer et adoptée et partagée, avec enthousiasme, par la communauté scientifique normande ainsi que par de nombreux professionnels.

J'ai décrit sommairement l'eutrophisation, il me reste à dire ce qu'il faut penser de la deuxième thèse.

22) <u>La *« thèse Ifremer »* - Le « virus pédophile»</u>

Selon les « pathogénistes » , le virus herpès OSHV1 serait présent, « depuis la nuit des temps » (SIC) aux côtés de l'huître, vivant avec elle en bonne intelligence, sauf au cours d'épisodes brefs et de peu d'intensité, comme entre 1991 et 1996, ayant fait l'objet d'un programme d'études par l'Ifremer (le programme MOREST).

Je laisse la parole à Jean Pierre Baud « coordinateur national pour la conchyliculture de l'Ifremer , Nantes » , interview paru dans l'excellent ouvrage « L'HUÎTRE EN QUESTION » des ateliers d'Arcole :

« On s'est aperçu, qu'à partir de 2008 la forme initiale de cet agent infectieux (virus OsHV-1) a disparu au profit d'une proportion beaucoup plus grande d'un variant nommé OsHV-1µvar qui apparait d'après nos études en laboratoire beaucoup plus virulent par rapport au naissain d'huître. Cette forme variante était pour l'Ifremer, dans l'état actuel des connaissances (sic), *déjà présente depuis de nombreux siècles (sic) dans l'environnement aquatique et n'est pas issu d'une mutation ... »*. Et, comme à cette époque le virus ne semblait s'attaquer qu'aux petites huîtres, certains ostréiculteurs facétieux l'avaient qualifié de pédophile.

Les techniciens de l'Ifremer appuient, depuis 2008, leur thèse sur le fait, incontestable, qu'on a détecté en abondance et sans ambiguïté, le virus OSHV1 µvar dans les huîtres moribondes ou mortes prélevées sur des lots subissant la surmortalité.

On a bien compris, en lisant ci-dessus notre passage concernant l'eutrophisation, que dans sa dernière phase, mortelle, celle-ci libère dans le milieu, violemment perturbé, souffrant du manque d'oxygène, les pathogènes opportunistes qui se sont emparés des huîtres affaiblies, moribondes et sans défenses.

Quoi de plus normal que ces mêmes pathogènes puisent être en suite détectés ?

Ainsi, la présence du virus dans les huîtres moribondes et mortes dans leur milieu, n'est que la conséquence normale de la mortalité et n'en est en rien la cause.

Il convient de ne pas confondre conséquence et cause comme le font nos savants de l'Ifremer!

23) <u>L'expérience d'injection de broyats</u>

Afin d'étayer leur thèse pathogèniste, les Scientifiques de l'Ifremer se sont livrés à une expérience intéressante :

« Ils ont inoculé à des huîtres bien vivantes et saines, des tissus broyés d'huîtres moribondes ou « mortes, prélevées sur des lots soumis à la surmortalité (et contenant abondamment l'« OSHV1µvar)».

« 48 à 96 heures après l'inoculation, les huîtres ont subi une mortalité importante (de 80 à 100 %) et « on a détecté sur elles, la présence abondante de particules virales OSHV1µvar.

« La même expérience réalisée avec les mêmes broyats, mais traités, préalablement à l'inoculation, « aux rayons ultraviolets, n'a entraîné aucune maladie.»

Pour les expérimentateurs « pathogènistes» la cause était entendue : OSHV1µvar est bien le virus responsable de la surmortalité ! »

Et pourtant, examinons ce résultat d'un peu plus près :

- Que l'injection de tissus malades à des huîtres saines, les fasse crever, quoi de plus naturel ! C'est bien le contraire qu'il eût été anormal ! (Bastille ne me l'a-t-il pas expliqué en1973 ?)

- Que le passage aux ultraviolets stérilise le broyat et le rend inoffensif, voilà qui ne peut surprendre personne, Bastille aussi, alors, avait compris cela en évoquant l'action des rayons du soleil !

Et finalement, on est bien obligé de conclure que « l'expérience des broyats », ne justifie en rien l'hypothèse de nos «pathogènistes ».

24) <u>Mon « laboratoire improvisé».</u>

Mais puisqu'il est question de manipulations expérimentales, je me permets ici une sujétion :

Sans matériel sophistiqué, n'importe qui, amateur ou scientifique, muni de son seul bon sens, peut se livrer à quelques expériences des plus simples, pouvant aider à comprendre les réactions du milieu marin soumis à la synthèse chlorophyllienne et à la respiration.

Par une belle journée de printemps ou d'été, au cours d'une promenade sur la plage ou d'une baignade en mer, il peut prélever (ce que j'ai fait) deux bouteilles d'eau de mer dans des emballages translucides et étanches. En les ramenant à la maison il pourra (comme moi) placer la première bouteille dans un placard isolé de toute lumière et la deuxième sur un emplacement soumis, dans la journée, à l'ensoleillement.

Au bout de trois ou quatre jours, il débouchera la bouteille du placard. Il s'en dégagera une odeur pestilentielle : manifestement toute la vie aquatique qui s'y trouvait est morte, il n'en reste qu'un peu de poudre noirâtre au fond dc la bouteille.

Que s'est-il passé ?

La vie marine dans la bouteille du placard s'est trouvée privée de photosynthèse, donc de production d'oxygène. Pour respirer elle a vite épuisé le stock d'oxygène dissous, puis est morte d'asphyxie. Ainsi notre amateur scientifique (et moi-même), avons simulé dans notre « laboratoire placard » le deuxième stade de l'eutrophisation: la disette en oxygène, puis son absence totale, entraînant la mort de la vie aquatique.

En revanche, la deuxième bouteille placée en état de recevoir des rayons solaires dans la journée est restée apparemment intacte (plus tard, quand notre amateur disposera de matériel de mesure, il y trouvera des teneurs en oxygène élevées, très supérieures à la saturation).

Et notre expérimentateur, s'il est curieux, pourra avoir envie de chercher plus loin. Il va alors recommencer son expérience de « la bouteille au placard », en y plaçant cette fois-ci, trois ou quatre huîtres qu'il aura récoltées sur les rochers à marée basse (ou chinées à un ami ostréiculteur).

Soit :

- deux ou trois très petites huîtres (d'environ 1 à 2 cm² de surface),

- une ou deux huîtres moyennes (d'environ 5 à 10 cm² de surface),

- et une plus grosse (d'environ 25 cm²).

Au cours du « traitement placard », il va constater que les petites huîtres ont crevé les premières, suivies par les moyennes, la plus grosse restant vivante la dernière.

Il aura finalement simulé ainsi dans son « Laboratoire placard », la mortalité différentielle que l'on observe dans la nature.

Enhardi par ce résultat, il va s'équiper, ce que j'ai fait, d'un appareil pour mesurer la teneur en oxygène dissous dans l'eau. Et, au prix d'un relativement modeste investissement, il va pouvoir se livrer à des mesures diverses, auxquelles le Service Public, c'est-à-dire l'Ifremer, aurait dû s'employer au moins depuis juin et juillet 2008.

Les résultats qu'ils ont obtenus montrent, assez fréquemment, des taux en oxygène dissous très souvent inférieurs au seuil de 8mg/l fixé par les Canadiens (R.C.Q.E déjà cité) ce qui semble bien expliquer pourquoi les huîtres, maintenant, résistent mal à l'émersion au cours des diverses manipulations que l'ostréiculteur leur fait subir (dédoublage, calibrage, emballage) entrainant, depuis 2008, des pertes cumulées souvent considérables (30 à 50% d'une récolte annuelle), que personne n'observait précédemment.

Et il y a, en plus, les grandes « casses » saisonnières, celles de mi-juin à mi-juillet!

En Normandie, les huîtres y ont en partie échappé :

- En 2015, (grâce vraisemblablement au déficit pluviométrique du printemps)

- En 2016, sans doute par suite d'une étonnante faiblesse de l'ensoleillement en mai et juin.

- En 2017, grâce à une sécheresse ayant débuté en octobre 2016 pour ne se terminer qu'en juillet.

25) <u>Aveuglement de l'Ifremer.</u>

À ce stade de mon exposé on reste tout de même pour le moins stupéfait :

L'Ifremer, qui a succédé à l'ISTPM bénéficie d'une bonne réputation mondiale. Je me rappelle y avoir côtoyé des scientifiques compétents et très accessibles aux simples paysans de la mer que nous sommes.

Son Directeur, le docteur Maurin n'a-t-il pas accepté de venir lui-même visiter avec moi nos réserves en mer à Agon ? N'est-ce pas son adjointe Mlle Soudan qui a débloqué ma demande de la zone ostréicole de Coutainville ? Et son successeur Yves Sillard n'a-t-il pas tenu à Agon-Coutainville même, une conférence du plus haut intérêt et qui a obtenu le plus grand succès ?

Comment tant de scientifiques de l'Ifremer ont-ils pu à ce point se fourvoyer dans cette affaire des « surmortalités des huîtres » et persévérer ensuite dans leurs erreurs ?

Pour essayer de trouver quelques éléments de réponse à cette question, je me reporte à mes interventions aux réunions de Gouville, présentées ci-dessus, et à l'exposé que j'avais écrit en février 2011 et qui avait alors servi de base à une réunion d'information que j'avais tenue Agon-Coutainville , ainsi qu'à une publication sur mon site internet, intitulée « Mortalités des petites huîtres ».

Les arguments que je proposais alors, en 2011, restent valables et complètement d'actualité.

J'avançais alors deux explications : une culturelle et une politique :

a. <u>Raison culturelle :</u>

Depuis la création de l'ISTPM, devenu ensuite l'Ifremer, les chercheurs de cet Institut se sont appliqués, avec succès, à traquer les germes de toutes sortes, nuisibles à la salubrité des coquillages (coliformes et streptocoques fécaux, salmonelles, dinophysis, alexandrium etc), ainsi qu'à ceux portants atteinte à la santé des élevages eux-mêmes, en mettant en évidence des pathogènes tels que l'Iridovirus, le Martellia, le Bonamia.

Mais ils ont ainsi, fini peu à peu, par oublier que nos élevages conchylicoles vivent dans des milieux soumis aux aléas d'un environnement mobile et changeant, et qu'il est tout de même essentiel d'en mesurer et d'en étudier en priorité ses variations.

Ainsi Henri Grisel, ex-directeur, en retraite, du Laboratoire de L'Ifremer à La Tremblade, interrogé par Hélène Scheffer, déclare (propos rapportés dans Cultures Marines de mai 2010) : «...*quant à l'environnement, salinité, température, pluie, ce sont des paramètres qui nous échappent...* »

Ces paramètres échappaient d'autant plus aux scientifiques de l'Ifremer, que ceux-ci, comme on l'a vu, refusaient de les mesurer et de les prendre en compte.

b.   Raison politique : « protéger l'Agriculture » ?

Chacun connaît l'importance dans notre pays de l'Agriculture dont le poids économique est considérable, et qui de plus, bénéficie au sein de la population d'une forte et légitime empathie.

Ainsi, quand les premières mortalités dévastatrices des naissains sont apparues en mai et juin 2008, et que les journalistes et beaucoup d'observateurs les ont attribués, comme nous l'avons relaté, aux phénomènes d'eutrophisation dont les rejets agricoles portent souvent une part de responsabilité (on pense, par exemple, aux « algues vertes » des abers bretons) on peut facilement imaginer que le Ministère de l'Agriculture, en charge aussi de la conchyliculture, ait eu à cœur de réagir et de donner comme consigne principale à ses chercheurs : «cherchez le pathogène et évitez de mettre en cause l'agriculture ! »

c.   Troisième raison : le modernisme

Depuis une troisième raison m'est apparue plus tard, elle aussi tout autant essentielle.

Ainsi que je l'avais exprimé au cours des réunions professionnelles de Gouville en juillet et août 2008, les huîtres crevant dans l'eau de la mer, c'est bien (question de bon sens) cette eau qu'il fallait analyser régulièrement.

Mais procéder à de telles analyses, implique une certaine présence sur le terrain : il faut que les chercheurs sortent de leurs laboratoires équipés de matériel sophistiqué qu'ils ne quittent qu'à regret.

Se livrer à des mesures classiques et routinières, voilà qui n'est guère, ni enrichissant, ni excitant, et qui s'apparente à pratiquer la « science de papa », ou même de « grand-papa ».

Par contre, la recherche et la détection de virus et l'étude de ceux-ci, cela est tout de même autre chose ! On met en œuvre des technologies modernes, on « traque l'ADN », on « détermine des génomes », on les « séquence », on invente de nouvelles techniques capables de « quantifier le virus », on utilise de la micro-électronique, on entre de plain-pied dans la microbiologie, pleine de promesses et d'ouverture sur de nombreuses disciplines scientifiques et sur de vastes horizons.

Entre cette science là et « la vieille science » des dix-neuvièmes et vingtièmes siècles, (que j'ai appris autrefois à pratiquer à la Faculté et à sa sortie), les jeunes chercheurs de laboratoire, ambitieux et dynamiques ont, avec leurs professeurs fait leur choix.

26) <u>Des techniciens sur le terrain en Normandie.</u>

Mais il reste encore sur le terrain des techniciens amoureux de leur métier. Je veux parler des chercheurs du SMEL de Blainville ou du CFPPA de Coutances. Ils disposent de laboratoires et de concessions conchylicoles expérimentales.

Leurs agents procèdent à de nombreuses mesures, à des expériences simples, permettant, sinon de soigner et de guérir le mal, du moins d'en évaluer les modalités de développement.

Ils ont ainsi réalisé, en 2009 une expérience du plus haut intérêt en comparant les mortalités observées dans des poches remplies d'huîtres à des densités différentes.

Dans les poches exagérément remplies avec des huîtres ainsi freinées dans leur développement (c'est-à-dire, en fait, au métabolisme bridé), ils ont constaté des taux de mortalité inférieurs à ceux observés dans des poches faiblement remplies (travaux publiés dans le n°223 du Cultures Marines de février 2010). Voilà une belle démonstration du rôle joué par le métabolisme (et donc par les besoins en oxygène des huîtres).

En mytiliculture, comme on l'a évoqué dans l'article consacré à la prédation du bigorneau perceur, avec leur méthode de trempage des cordes à moule dans une solution d'eau sursaturée, ils ont apporté aux professionnels un sérieux soulagement.

Comme beaucoup de professionnels, les agents du SMEL ont voulu croire, jusqu'au dernier moment, à l'efficacité des travaux de nos Grands Scientifiques (dont je vais parler ci-dessous). C'est ainsi que, dans le numéro de Pleine Mer de décembre 2011, est publié un article sur la résistance du naissain « G2A » (pour deux fois résistant !) testé par leurs services.

27) <u>2013: La surmortalité atteint les huîtres commercialisables !</u>

En 2013, une crevaison catastrophique s'est abattue sur les huîtres marchandes jusque-là épargnées. Un nouveau drame pour l'ostréiculture !

Nos « éminents scientifiques » en ont déterminé le « responsable » : une bactérie appelée « Vibrio-aestuarianus ». Mais voilà qui complique leur « thèse pathogéniste », car en effet, pourquoi cette bactérie (des estuaires) ne s'était-elle pas manifestée jusqu'à présent ? Aurait-elle été, elle aussi, doublée par une variante virulente ? Et pourquoi celle-ci agit-elle encore, comme le virus Herpès, pendant la saison propice aux phénomènes d'eutrophisation ?

28) <u>Premières aides apportées par l'Ifremer à l'ostréiculture sinistrée : quelques critiques et conseils, et « culpabiliser les victimes. »</u>

Les premières réactions de l'Ifremer en 2008 ont été, comme on l'a dit, de diagnostiquer une maladie virale induite par l'Herpès virus.

Cela a été aussi de culpabiliser les victimes.

Il s'agit d'une méthode de bonne gouvernance très ancienne, ne la trouve-t-on pas dans l'Ancien Testament?

Ainsi sur le thème : « vos huîtres crèvent, c'est de votre faute !», Henri Grisel, déjà cité ci-dessus, déclare : propos recueillis dans le numéro de mai 2010 de Cultures Marines, *« il faut revenir aux fondamentaux… depuis 15 ans, la profession avait oublié ses bonnes manières, surfant sur les «dérives » : le naissain, naturel ou d'écloseries détroqué trop petit, ou trop tard... sur des densités phénoménales mises à pré-grossir... et toutes ces manipulations qui ne font qu'accroître le stress à une période où l'on ne devrait pas toucher aux huîtres.....»*

En ce qui concerne les «densités phénoménales » dénoncées par Grisel, je rappelle ce que je viens de dire sur l'expérience réalisée par le SMEL, infirmant ces propos.

D'autre part, après les très fortes mortalités de 2008 et de 2009, beaucoup de parcs ostréicoles se sont trouvés très éclaircis (pour ne pas dire vidés), ce qui n'a pas empêché la mortalité de s'y manifester largement l'année suivante.

Quand aux bonnes manières de traitement des huîtres, les professionnels n'ont pas attendu les exhortations de Mr Grisel pour les mettre en pratique et n'éprouvent aucun sentiment de culpabilité ou de repentance pour ne pas, soit disant, les avoir respectées.

29) <u>Les doutes de la profession.</u>

Les explications fournies par l'Ifremer sur les causes de la mortalité des huîtres n'ont pas convaincu tous les ostréiculteurs et beaucoup on pensé que l'Ifremer « leur cachait quelque chose ».

Ils ont fait le rapprochement entre l'arrivée dans les eaux conchylicoles françaises de l'huître triploïde (sous les auspices de l'Ifremer) et l'apparition, quelques années plus tard, de la mortalité des huîtres.

Comme les responsables de l'Ifremer semblaient muets sur le sujet, il n'en a pas fallu plus à ces « méfiants » pour affirmer que l'Ifremer était « juge et partie » ! Ne vendait-il pas « à prix d'or », aux écloseries, les tétraploïdes leur permettant de produire la triploïde ?

Ces accusations mettant en cause, non seulement la compétence des agents de l'Ifremer, mais aussi leur intégrité étaient évidemment insupportables. C'est ainsi que Jean Pierre Baud les a contredites violemment dans l'interview que je viens de citer.

Il a tout d'abord rappelé que c'est la profession ostréicole qui a demandé à l'Institut de produire des huîtres stériles au cours d'une réunion qui a eu lieu le 23 novembre 1998 à Paris, à laquelle étaient présents, l'Etat avec la DPMA, ainsi que les professionnels avec le CNC.

J.P .Baud assure que si l'Ifremer a accédé à cette demande c'était pour rendre service, « *car sa mission n'est pas la production, mais la recherche. Quand aux revenus procurés par la vente des tétraploïdes aux écloseries, ils n'enrichissent pas l'Institut et ne remboursent pas même ses frais de fabrication et de recherche sur un produit qui n'a pas augmenté depuis 1998.* ».

Il poursuit en déclarant : « *Qu'aujourd'hui avec la polémique et les accusations, le brevet de fabrication de la triploïde se terminant, leur P.D.G. a le désir de terminer cette production marchande...qui a apporté à Ifremer plus d'embêtements que de profits et qui, en terme d'image, n'est pas très gratifiante.*»

Rappelons, comme on l'a déjà dit ci-dessus, que « les détracteurs de l'huître stérile », professionnels pratiquant le captage du naissain sur l'estran, considèrent souvent avec déplaisir la concurrence du naissain d'écloserie et tout particulièrement celle de l'huître triploïde stérile.

Parmi ceux-ci, certains prétendent que cette triploïde est un O.G.M (Organisme Génétiquement Modifié) et nous avons démontré qu'il n'en était rien.

D'autres, profitant des polémiques avec l'Ifremer, que l'on vient d'évoquer, ont proclamé que les huîtres d'écloserie, et tout particulièrement les triploïdes, n'étant pas des huîtres « naturelles », il fallait que le consommateur en soit informé par un étiquetage approprié indiquant : « huîtres d'écloserie », « huîtres naturelles », « huîtres triploïdes », « huîtres diploïdes ».

Une complication qui, à n'en pas douter, serait préjudiciable à la confiance et à la sérénité du consommateur, déjà perturbées par l'information que les huîtres sont la proie d'un virus herpès qui les décime et qui pourrait bien se trouver dans celles qu'il déguste !

Avant même qu'un tel étiquetage « fonctionnel » soit imposé, un collègue normand a devancé ce processus « *d'instruction du consommateur* » , en décidant de livrer, séparément à ses clients, ses huîtres diploïdes d'une part et ses triploïdes d'autre part. Assez rapidement ceux-ci lui ont fait savoir qu'ils n'acceptaient plus que de la triploïde.

On frémit à l'idée qu'une opération de ce genre pourrait être menée, à l'échelon national, avec un tel résultat : que deviendraient nos capteurs de naissain et les professionnels qui en dépendent, s'ils ne pouvaient plus commercialiser leurs produits?

Heureusement cette perspective d'étiquetage ne se réalisera pas.

En effet l'AFSSA (Association Française de Sécurité et de Sureté des Aliments) a prononcé un avis négatif sur la question en précisant, que plus de la moitié des végétaux que nous consommions n'étaient pas diploïdes, et que, d'autre part, le caractère polyploïdc des huîtres, ne constituant pas un facteur de risque alimentaire, sa qualification auprès des consommateurs n'avait pas lieu d'être.

Une commission parlementaire composée de 18 députés et de 18 sénateurs nommée ultérieurement par le Ministre de la mer a émis la même affirmation.

30) <u>Enfin ! : « Des huîtres résistantes à la « maladie » !</u>

En 2009 le discrédit qui frappait l'Ifremer a subitement disparu quand ses porte-paroles ont fait savoir que l'Institut était en mesure de fournir, à toute la profession, des huîtres résistantes à la mortalité, et c'est dans l'enthousiasme que les ostréiculteurs ont accueilli la proposition de ses scientifiques.

Revenons maintenant sur cette opération dite « huîtres R ».

Les responsables de l'Ifremer ont expliqué : *« Qu'au cours du programme Morest, entre 2000 et 2006, l'Institut avait conservé, issues de gisements sauvages, des huîtres qui avaient été épargnées par les mortalités. Ils proposent que ces huîtres soient utilisées comme géniteurs d'un plan de relance de la Conchyliculture française. Ces huîtres issues du plan Morest, ont été multipliées au cours des dernières années à des fins de recherche. La génération actuelle (la sixième) compte huit familles que l'on peut considérer résistantes à la mortalité. Elle compte 3000 individus diploïdes qui pourraient être mis à la disposition des écloseries pour y être appariés avec des huitres tétraploïdes issues de souches résistantes à la maladie et produites récemment par l'Ifremer. Dans le cadre d'un programme collectif de grande ampleur, une production de 3 milliards d'individus pourrait être lancée à partir des géniteurs femelles diploïdes sélectionnés issus du plan Morest, et des géniteurs mâles tétraploïdes produits par l'Ifremer. »*

A ce stade, je me permets, en parenthèse, une simple réflexion : pour que la sélection naturelle, mise en évidence par Darwin, puisse se traduire par une adaptation d'une espèce à son environnement, il faut que la pression sélective s'exerce sur un grand nombre de générations et non, hélas, comme le croient, les responsables d'Ifremer, sur seulement six !!

Pour expliquer et justifier leur choix de la triploïdie (à partir des géniteurs tétra d'Ifremer), ils ont précisé : « *Que les huîtres R triploïdes produites, ne possédant pas de variabilité génétique puisqu'elles seront stériles, ne risqueront pas de perturber le milieu et de gêner le captage naturel... ».* Un argument très apprécié par les capteurs de naissain naturel.

Le plan salvateur proposé est discuté et accepté avec enthousiasme le 13 janvier 2010, au cours d'une réunion du Comité National de la Conchyliculture à Paris.

Il y a été précisé : « *Afin que le dispositif mis en place ne soit pas considéré comme une aide illégale ou abusive par la Commission Européenne, l'intervention de l'Etat ne jouera qu'un rôle de garantie. »*

Et Goulven Brest, le président du CNC, a déclaré: « *l'Etat s'est engagé à indemniser les mortalités sur le produit acheté dans le cadre du plan de réensemencement»* (S.I.C).

Le plan prévoyait de faire naître 3 milliards de naissains triploïdes dont la livraison était prévue pour s'échelonner sur le deuxième trimestre 2010.

Ses modalités de mise en œuvre étaient bien définies, comme « Cultures Marines » l'a précisé à l'époque : « *Chaque section régionale conchylicole devait obtenir une quantité de naissain en fonction de la surface détenue par ses membres. Concrètement, chacun de ceux-ci , recevrait un «droit de tirage » qu'il pourrait faire valoir auprès d'une des six écloseries s'étant porté volontaires pour participer à l'opération qui pourrait démarrer par des livraisons dès septembre 2010. Ce plan 2010 serait suivi de plusieurs plans annuels à partir de 2010, et baptisés plans de sauvegarde de l'huître».*

Ce projet suscitait enthousiasme et confiance et tous les professionnels étaient invités à s'y inscrire (ce que moi-même j'ai fait) car, assurait-on, *«il n'y en aura peut-être pas pour tout le monde»* !

31) <u>Chances de réussites de ce plan salvateur :</u>

J'ai ici, suffisamment affirmé ,dans cet ouvrage, que dans la surmortalité des huîtres, les conditions environnementales (disette d'oxygène) étaient seules en cause, pour ne pas penser, à ce stade, que, contre cette calamité, aucune sélection (à fortiori sur seulement six générations) ne pouvait être imaginée, et que les protagonistes ayant lancé l'opération «huître R » n'avaient aucune chance de voir réussir leur magnifique programme salvateur de réensemencement, «plan de sauvegarde de l'huître ».

32) <u>La Bérézina !</u>

Et c'est, hélas, ce que les ostréiculteurs ont du constater dès la fin de 2010 et le début de 2011.

Les premières réactions ne se sont pas fait attendre :

- A la Bernerie en Ré, un ostréiculteur déclare : *« Le 7 octobre, j'ai rentré un lot d'huîtres résistantes. Le 1ᵉʳ novembre on était déjà à 20 % de mortalité »* (Cultures Marines décembre 2010).

- Jean-Pierre Buisson écrit en novembre dans Ouest-France : *« Le plan de réensemencement en huîtres stériles, fournis par l'Ifremer est en passe de capoter... »*

- Et Goulven Brest déclare : *« Nous venons de demander à l'État et aux scientifiques de le stopper immédiatement. Ce plan vire à la catastrophe. Les naissains d'huîtres R meurent dans les écloseries et ceux qui ont été semés en Poitou Charente depuis quatre semaines ne survivent pas ou très peu... »*. Et il ne dit pas un mot sur sa promesse d'indemnisation de l'Etat. Et apparemment personne n'ose la lui rappeler !

- Et dans « Cultures marines » de décembre 2010, il précise : *« On devait produire entre 1,5 et 3 milliards de naissains R, finalement seul 1 milliard est atteint, et sur la moitié distribuée aujourd'hui une partie crève ».*

Dans le même numéro Henri Renan, président du comité de « survie de l'ostréiculture », déclare *« c'est une véritable escroquerie ! »…*

Dans « Sud-Ouest » du 5/11/2010, on peut lire : *« De très fortes mortalités se sont manifestées tant dans les murs des écloseries que dans le milieu naturel… Il y a deux ou trois semaines nous avons demandé des explications à Ifremer, il nous a été répondu qu'il n'y avait pas à s'affoler et qu'il fallait attendre mai- juin. Et pourtant, nous savions, qu'en Poitou-Charentes il y avait des mortalités énormes, jusqu'à 100 %».*

En juin 2011, les craintes exprimées fin 2010 se transforment en certitude: les huîtres R crèvent tout autant, sinon plus que les autres (ce que j'ai pu constater moi-même dans ma petite exploitation).

Le « Cultures Marines » du mois de mai 2011, titre en première page: *« Mortalités et c'est reparti. Quelles solutions ? ».* Dans son article, il n'est même plus fait mention du deuxième plan de sauvegarde, celui de 2011, pas plus que dans l'article rédigé par Ifremer et intitulé *« Comprendre les mortalités ! »* (S.I.C).

Et pourtant le programme « plan de sauvegarde » va se poursuivre encore trois ans après la «Bérézina» avec, encore jusqu'en 2013, la poursuite de la promotion de « l'huître miracle », comme en témoigne cette « INTENTION DE COMMANDE 2013. PLAN DE SAUVEGARDE-R» envoyée à des clients d'écloseries.

INTENTION DE COMMANDE 2013
PLAN DE SAUVEGARDE – R *

à retourner par fax ou par courrier

14 Cours Dechézeaux - 17410 St Martin de Ré - Fax : 05 46 09 29 29 – email : graineoceaninternational@gmail.com
Tel : 05 46 29 29 29 - Eric 06 81 19 60 85 - Marie-Claude 06 77 19 11 01

Merci de compléter les informations ci-dessous : (* informations indispensables)

NOM *	NOM DE LA SOCIETE :
PRENOM *	N° TVA intracomm :
ADRESSE POSTALE * :	N° RCS * :
	TEL : ETS : DOM :
	PORTABLE * : FAX :

Je peux recevoir mes produits en période de mortes eaux :   ☐ OUI (Coeff. :   )   ☐ NON

VOS BESOINS en NAISSAINS de C. GIGAS TRIPLOIDES R pour 2013
Indiquez la quantité souhaitée dans la case correspondante

	Mai	Juin	Juillet	Aout	Septembre	Octobre	Novembre
T 2							
T 3							
T 4							

☐ Je souhaite être contacté au cas où des tailles supérieures seraient disponibles en cours d'année
(indiquer néanmoins les quantités souhaitées dans la ligne des T4)

TARIFS : TVA 7 % en sus - PORT COMPRIS
Valables pour toute livraison R du 1er mai 2013 au 31 décembre 2013

Promo *du 1er au 31 mai*

TAILLE	T 2	T 3	T 4
PRIX H.T. le mille	5 €	6 €	7 €

Paiement par chèque avant livraison sur facture proforma avec encaissement après livraison

15% de remise sur le tarif pour tout nouveau client 2013 (soit le T4 à 5.95 € le mille).

30% de remise sur le tarif pour toute commande en supplément d'une commande 2013 déjà confirmée** (soit le T4 à 4.90 € le mille).

Date :	Nom :	Signature :

Obligatoire pour que votre intention de commande soit enregistrée.

* huitres sélectionnées du plan de sauvegarde   ** dans la limite de la quantité déjà confirmée

Pensez à renvoyer vos bacs vides à la plateforme Delanchy ou Express Marée La Rochelle 17 ! merci.

Document Graine-Océan.

Et dans le numéro de « Cultures Marines » d'avril 2014, la journaliste Mélanie Chantier écrit: *«Le plan de sauvetage 2012 n'offre pas d'avancées notables en matière d'amélioration du plan survie...»*, dans ce même numéro, Éric Marissal, PDG de l'écloserie « Graine Océan », participant à l'exécution des premiers plans, « *se veut encore optimiste* », mais reconnaît tout de même que *«pour 400 millions de naissains R produits, son écloserie en a vendu 163 millions et qu'elle a dû en jeter 100 millions, par ce que nous n'avions pas de marché et que nous manquions de place».*

«Plus de marché ! Plus de place !». Car malgré toute la promotion dont on les avait abreuvés pour « l'huître R, salvatrice », les ostréiculteurs avaient fini par comprendre!

33) <u>Fureur de la Profession.</u>

Mais le mécontentement de la profession était à la hauteur de ses espoirs envolés et ceci d'autant plus que chaque année, en juin et début juillet, la surmortalité a continué de décimer sa production, tout en se perpétuant, plus ou moins, tout au long de l'année.

Ainsi des manifestations éclatent dans le secteur de Marennes-Oléron : blocage du pont de l'île de Ré le 9 juillet 2014, déversement de déchets devant la Préfecture de la Rochelle le 5 août 2014 etc.

Et le « Comité pour la Survie de l'Huître » à l'instar d'Henri Grizel, préconise un retour aux « bonnes manières » tout en cherchant encore à faire croire que les triploïdes sont des O G M. et en attaquant l'Ifremer au Tribunal Administratif !

Heureusement que nos élus et décideurs nationaux et européens n'ont pas pour le moment, à quelques exceptions près, accordé grand crédit à ces hurluberlus qui n'ont pourtant pas encore réclamé le retour à la Marine à voile ou à la traction animale !

34) <u>Regards sur l'avenir. La lutte contre l'usage des moteurs thermiques ?</u>

Mais hélas l'Ostréiculture reste toujours, depuis 2008, avec ses problèmes angoissants et dévastateurs de «surmortalité».

Et, maintenant, ce sont les moules qui sont également frappées, et dans certains secteurs depuis 3 ans, comme à Barfleur !

L'État et l'Europe vont débloquer des subventions (programme Feamp) pour éviter la faillite de nombreuses entreprises. Ceci est très bien, mais les conchyliculteurs, ne tenant pas à devenir des assistés, veulent surtout savoir d'où vient cette mortalité et demandent que des solutions sérieuses soient cherchées et trouvées pour y remédier.

Pour la mortalité des moules, Ifremer annonce qu'une bactérie tueuse est clairement identifiée (encore une !), qu'il s'agit d'une bactérie vibrio qui, comme la bactérie « vibrio des estuaires » est *« présente dans le milieu depuis longtemps »*(S.I.C). Comme elle, comme le virus Herpes, elle a du forcément être remplacée par un méchant « variant »!

Etranges toutes ces « variants » qui s'acharnent actuellement sur la Conchyliculture !

En fait, et tout de même plus sérieusement, nous avons vu (§ 8,9 et suivants) que les moteurs thermiques produisent des oxydes d'azote qui sont à l'origine de l'arrivée en masse de nitrates dans le milieu marin et que ceux-ci, par la synthèse chlorophyllienne (§ 14) engendrent une eutrophisation essentiellement couplée à une carence en oxygène dissous, directement responsable de la surmortalité des coquillages.

Des résultats de recherches canadiennes (RCQE) sur ce sujet ont été présentés (§ 16 et 17) ainsi que la « thèse Ifremer » attribuant, de façon erronée, les surmortalités des coquillages à des agents pathogènes (§22), et nous avons tenté d'expliquer la genèse de cette erreur (§ 25).

On a vu que dans les échappements de moteurs à explosion, ne se trouvent pas seulement ces oxydes d'azote nocifs, mais aussi du gaz carbonique, responsable de « l'effet de serre » et du réchauffement climatique dont les effets, si rien n'est fait, génèreront une catastrophe mondiale d'une dimension tout autre que celle de la disparition, pourtant insupportable, des huîtres !

Ainsi, la lutte contre l'usage de ces moteurs, et la pollution qu'elle engendre, engagée par de hauts responsables politiques, tel notre président, MACRON, doit être grandement saluée et encouragée. Elle mérite d'autant plus d'être soutenue, qu'elle implique nombre de problèmes de substitution énergétique qui ne sont pas encore vraiment résolus.

Le moteur électrique est le candidat au remplacement du moteur thermique, mais subsistent, des difficultés de production en masse de l'électricité dans de bonnes conditions écologiques, et celles liées au stockage de cette énergie (poids et coût des batteries).

Quant au moteur à pile à hydrogène capable de produire lui-même son électricité, il doit faire face à un stockage difficile de l'hydrogène.

Reste enfin le problème de l'aviation commerciale : ce n'est pas demain que ses avions électriques sillonneront nos ciels !

En ce qui concerne l'élevage en mer des huîtres et des moules, certains pourront penser, qu'avant que le problème mondial de la pollution soit traité et résolu à l'échelle de la Planète, qu'il serait bon que les conchyliculteurs eux-mêmes, puisqu'ils peuvent diagnostiquer la cause de leurs mortalités (une sous oxygénation de leurs élevages) s'emploient à la traiter sur place, à leur échelon, par une aération appropriée de leurs parcs.

Hélas, ils oublient ainsi que la mer est un milieu complètement ouvert, soumis à l'action des vagues et de très forts courants (courants de marée et courants générés par les vents) et que l'éleveur est désarmé devant une telle agitation.

Il n'en reste pas moins essentiel que les responsables conchylicoles, scientifiques ou professionnels, ouvrent enfin les yeux et cessent enfin, comme des moutons de panurge, d'évoquer une maladie, qui serait due à un virus « mutant » ou « variant », là où est simplement, seul en cause, un phénomène naturel bien connu et bien décrit dans la littérature scientifique.

Je croyais terminer mon ouvrage sur ce souhait; hélas une dernière mésaventure vient de frapper notre conchyliculture et je ne peux la passer sous silence.

35) <u>Janvier et Février 2018</u> : « Deux zones conchylicoles <u>fermées sur la côte ouest du Cotentin</u> ».

Dans le numéro des samedi 10 et dimanche 11 février 2018 du journal Ouest-France, les conchyliculteurs, sidérés, lisent et apprennent ainsi : que *« la préfecture de la Manche a interdit la pêche maritime professionnelle ou de loisir, le ramassage, l'expédition et la commercialisation de toutes les espèces de coquillages en provenance de deux zones de production et ce, à compter du vendredi neuf février.*

Cette décision fait suite à plusieurs intoxications alimentaires collectives survenues chez des personnes qui avaient consommé des coquillages provenant des ces deux secteurs, en janvier, le 15 pour la Pointe d'Agon, et le 24 pour le sud de Pirou, des toxi-infections déclarées sept à dix jours plus tard (SIC). *Les services de l'Etat ont alors ouvert une enquête sanitaire et l'analyse des prélèvements effectués le sept février a montré la présence de Norovirus qui confirmaient la nécessité de fermer la pêche. Ces virus provoquent des gastro-entérites et des diarrhées ».*

Et l'Ouest-France poursuit : « La mesure n'est pas si fréquente d'autant qu'elle s'accompagne d'une obligation de retrait de la marchandise concernée et de sa destruction. Les professionnels concernés doivent, selon les termes de l'arrêté *« engager immédiatement le retrait* (de ces coquillages) *et le rappel au prés des consommateurs ».* Quant au grand public, il doit être informé, notamment par voie d'affichage sur les lieux d'achat et de pêche à pied».

Je suis expéditeur de coquillages, comme je l'ai expliqué ci-dessus, depuis 1969.

J'ai vécu des situations curieuses, mais, manquait à mon expérience, celle au cours de laquelle, j'aurais du annoncer à mon client, le samedi 10 février, date de ma lecture de l'arrêté dans Ouest-France : « Désolé, mais les huîtres que je t'ai envoyé d'Agon, depuis le 15 janvier, (soit depuis la date de « l'intoxication ») sont impropres à la consommation et doivent être détruites !!!» …. J'ai dans la tête la réponse que m'aurait faite le client : « Quétier, tu es Fou ? ».

La journaliste d'Ouest-France, Isabelle Bordes, poursuit : « au moins une vingtaine d'entreprises conchylicoles seraient concernées pour les deux secteurs. Un coup dur alors que le délai réglementaire de l'interdiction prévoit au moins 28 jours à partir de la date de l'intoxication ».

Après la lecture de cet article avertissant les professionnels de ce « coup dur » quelques-uns, comme moi-même, ont consulté les ouvrages scientifiques traitant de ces gastro-entérites au norovirus.

36) <u>Les textes médicaux : ce qu'ils enseignent :</u>

Nous y avons appris que les norovirus sont présents dans les selles d'humains malades ou contaminés, et que, c'est à partir de la dispersion de leur matière fécale, que les virus se répandent dans la nature.

Ils peuvent contaminer d'autres humains par simple contact, si des règles élémentaires d'hygiène ne sont pas respectées (lavage des mains, des objets ou des vêtements souillés…).

Le virus s'installe dans les eaux usées, tant dans celles qui sont traitées dans les stations d'épuration, que dans celles qui partent en liberté dans la nature.

Bien évidemment, comme l'écrit justement Isabelle Bordes, cette dispersion a été particulièrement favorisée par les pluies diluviennes des trois derniers mois.

Certains évoquent les boues des stations d'épuration, qui, bourrées de norovirus, sont répandues sur les champs.

Certes des conditions d'épandage sérieuses sont imposées aux cultivateurs, temporelles et géographiques, mais on peut comprendre, qu'à la suite des pluies exceptionnelles qui viennent d'être citées, elles puissent avoir été inopérantes.

Il est évident que des eaux, chargées en virus, charriées par les ruisseaux, puis par les rivières, après avoir contaminé au passage des végétaux, aboutissent finalement à la mer, où elles peuvent souiller les coquillages.

Ainsi en Angleterre, où le choix des emplacements des zones conchylicoles n'a pas fait l'objet des mêmes précautions qu'en France., les spécialistes nous apprennent que parmi les aliments pouvant être contaminés, se trouvent en bonne place les coquillages, les végétaux (les salades) et les crustacés.

La gastro-entérite doit être déclarée, de telle sorte que, dès qu'une épidémie semble apparaître, les services de santé puissent enquêter immédiatement afin d'obtenir des informations permettant, par des mesures appropriées, de la circonscrire, voir de l'éradiquer.

Ainsi, un facteur essentiel ici, est la rapidité de l'intervention. En effet la période d'incubation, c'est-à-dire le temps qui s'écoule entre l'introduction du virus dans l'organisme et l'apparition des symptômes de la maladie dans celui-ci, *« est courte : « de 10 à 50 heures et le plus souvent 24 à 48 heures. »,* soit au plus tard, au jour (J+2) de la contamination. Dans l'arrêté préfectoral que je viens de citer, il est précisé que les intoxications alimentaires provenant de la consommation des coquillages d'Agon et de Pirou ont été déclarées 7 à 10 jours après leur consommation !

37) <u>Des services de l'Etat incompétents ?</u>

Voilà une indication disculpe totalement la consommation des coquillages incriminés dans cet arrêté !

Il n'est pas besoin d'être épidémiologiste pour comprendre cela !

(Précisons que les symptômes de la maladie n'auraient pas pu passer inaperçus, car ils ne sont en rien bénins : *«nausées, vomissements en jet, diarrhée liquide brutale (mais non sanglante), douleurs intestinales... »*)

Ainsi, on est bien obligé, hélas, de constater que ces deux fermetures des zones d'Agon et de Pirou, ont été déclenchées à partir de bases fausses, établies par des services de santé, incompétents, car il faut l'être quand, chargé d'enquêter sur une épidémie, on ignore ce qu'est un temps d'incubation !

38) <u>Norovirus trouvés dans les prélèvements du 7 février 2018.</u>

Dès l'installation de la mytiliculture sur Agon en 1969, l'ISTPM avait délimité à la Pointe d'Agon une zone qu'il avait déclarée « insalubre » et impropre à l'installation de bouchots. Il s'agissait pour l'Institut de tenir compte, par précaution, d'une petite pollution pouvant émaner de la rivière la Sienne. Il ne paraît donc pas anormal, qu'ici ou là, en fonction des vents, ou des courants de marée, celle-ci puisse être détectée sur certains parcs.

De nombreuses analyses ont été effectuées lors de l'implantation des bouchots, puis des parcs à huîtres sur la côte, d'Agon à Pirou, en utilisant surtout la mesure des taux d'Eschérichia coli (E.C, germe test de pollution,) tant par l'ISTPM, que par les Services Vétérinaires, et souvent, comme on l'a vu ci-dessus, à l'instigation même du syndicat des conchyliculteurs.). J'en détiens dans mes archives une édifiante collection.

Dans toutes ces analyses, et dans celles qui ont suivi depuis, le taux d'E.C. s'est toujours révélé considérablement inférieur à la norme de 230 germes pour 100 g de chair, et presque toujours inférieur à 67.

Mais de plus, ce qui compte et ce qui importe essentiellement, c'est bien la qualité sanitaire des produits que les conchyliculteurs s'apprêtent à livrer à leurs clients, bien avant celle des coquillages prélevés sur les zones d'élevage.

Car les conchyliculteurs ne leurs expédient pas des produits directement à partir de leurs parcs, mais des huîtres ou des moules, qui ont été stockées dans des réserves, puis lavées dans leurs établissements agréés, et enfin conditionnées après avoir été traitées dans leurs bassins dégorgeoirs, où elles sont, à la sortie, analysées régulièrement par les Services Vétérinaires.

Dans ses « arrêtés de fermeture », l'Administration place ces produits soignés, contrôlés, vérifiés, sur le même plan que des coquillages de pêche qui, bien que sûrs eux aussi, ne sont pas soumis aux mêmes soins. Voilà aussi ce qui est inacceptable !

Et, à ma connaissance, jamais encore les huîtres et les moules, à l'expédition n'ont été trouvées porteuses de norovirus !

39) <u>Relations sur la côte entre gastro-entérites et consommation d'huîtres.</u>

A Agon-Coutainville, comme ailleurs, notamment dans la région parisienne de nombreux cas de gastro-entérites ont été constatés en janvier et février 2018.

Des personnes ayant consommé des huîtres, ont contracté cette « gastro », cependant que d'autres n'y ayant absolument pas touché, ont été, en même temps qu'elles, sérieusement malades.

Enfin, une troisième catégorie, qui, à diverses reprises, en a dégusté de bonnes quantités (c'est mon propre cas), n'a été absolument pas atteinte.

40) <u>Mes expériences sur le terrain.</u>

Comme je crois à l'efficacité des mesures qui, en France, depuis des décennies ont été conçues et mises en œuvre par de sérieux et consciencieux scientifiques, pour garantir la salubrité des coquillages mis sur le marché, et que d'autre part, j'ai pu constater qu'aucune relation médicale n'avait été établie, à Agon-Coutainville comme ailleurs, entre les nombreuses manifestations de la gastro-entérite et la consommation des huîtres, j'ai décidé de me livrer à quelques expériences personnelles.

J'ai profité du classement de mes parcs en « zones interdites », pour y aller déguster quelques douzaines d'huîtres à plusieurs reprises, dans la zone d'Agon, puis dans celle de Blainville, interdite à son tour, pendant que celles d'Agon et de Pirou étaient « rouvertes .

A la suite de mes consommations effectuées les 16 et 22 février, en compagnie de très sérieux témoins, que je remercie profondément (Maire de Blainville, Garde Champêtre d'Agon, journalistes d'Ouest-France et de la Presse de la Manche), je n'ai nullement été incommodé par le méchant virus, qui a bien voulu m'épargner, malgré mon âge, un facteur aggravant puisqu'on peut lire, .dans la presse médicale: « *l'infection par norovirus peut devenir dangereuse chez les personnes âgées, avec des risques d'insuffisance rénale pouvant entraîner la mort* ».

Les observations faites à Agon-Coutainville et que je viens de citer ci-dessus (malades, sans avoir consommé d'huîtres, et non malades, après en avoir consommé) semblent bien innocenter l'huître.

Et mes expériences personnelles, prouvent que les huîtres que j'ai dégustées n'étaient pas infestées par le norovirus !

Tout ceci paraît-il suffisant ?

41) <u>Les huîtres crues :</u>

En France, les huîtres sont essentiellement consommées crues. Elles ne bé*n*éficient pas, comme les moules, d'une cuisson qui peut les débarrasser de leur virus.

Contaminées par le norovirus, elles peuvent transmettre leur contamination à celui qui les consomme.

Ce fait, évident, ne suffit pourtant pas à faire, de l'huître en général, un coupable!

42) <u>Les témoignages de la Presse (J.O d'hiver, Angleterre)</u>

Car il y a aussi de nombreux témoignages fournis par la Presse (toujours précieuse, ici, comme ailleurs) et que l'on peut facilement interpréter.

C'est le cas des rapports d'envoyés spéciaux à Pyeongchang , pendant les J.O de 2018. (Extrait de Ouest France)

Les organisateurs et les athlètes ne s'attendaient absolument pas à être confrontés à une géante épidémie de gastro-entérite au norovirus: « *128 personnes malades en trois jours, 1200 agents de sécurité contraints de se retirer ... !*».

Apparemment là comme ailleurs, aucune consommation d'huitres n'a été rapportée comme cause de cette épidémie.

Au même moment sévissait en Angleterre la même « maladie à norovirus « .

Et Ouest-France indique que « 75000 lits d'hôpitaux ont y été fermés, mettant en difficulté le service national de santé… » !

Les Anglais seraient bien en peine d'attribuer cette épidémie aux huîtres, puisqu'ils n'en produisent qu'un peu plus de mille tonnes par an, 90 fois moins que la France et qu'ils les consomment généralement cuites !

43) <u>« Plan européen d'évaluation de la prévalence de norovirus dans les huîtres. »</u>

C'est avec stupéfaction que je découvre un courrier émanant du Ministère de l'Agriculture et de l'Alimentation adressé le 28 février 2018 au Président du Conseil National de la Conchyliculture (CNC).

Il y est fait mention d'un « plan d'évaluation de la présence du norovirus dans les huîtres lancé le 1er novembre 2016, à l'instigation de l'Agence Européenne de Sécurité des Aliments (AESA), et devant se terminer le 31 octobre 2018. »

MINISTÈRE DE L'AGRICULTURE ET DE L'ALIMENTATION

Direction Générale de l'Alimentation

Service de l'Alimentation

Sous-direction de la Sécurité
Sanitaire des Aliments

Bureau des produits de la mer et d'eau douce

251 rue de Vaugirard
75732 Paris cedex 15

Dossier suivi par : Mathilde PALUSSIERE

Tél. : 01 49 55 84 00
Fax : 01 49 55 56 80
Mél : bpmed.sdssa.dgal@agriculture.gouv.fr

Réf. : SDSSA/BPMED/18-004   N ~ 0 0 4 0

Monsieur Philippe ORTIN
Président du Conseil National de la
Conchyliculture

122 Rue de Javel
75015 Paris

Paris, le   2 1 FEV. 2018

Objet : Plan européen de prévalence de norovirus
dans les huîtres

Monsieur le Président,

Un plan européen d'évaluation de la prévalence de norovirus dans les huîtres, mandaté par la Commission européenne, a débuté le 1er novembre 2016 et se poursuivra jusqu'au 31 octobre 2018. Cette étude a pour but la détermination d'un critère microbiologique relatif à la mise en évidence de norovirus.

Il incombe à chaque État membre de mettre en œuvre le protocole défini par l'Autorité européenne de sécurité des aliments (AESA) dans son rapport publié le 4 mars 2016[1]. En tant que principal pays producteur d'huîtres en Europe, la France est fortement concernée par cette étude européenne : 74 zones de production et 167 centres d'expédition sont échantillonnés pendant toute la durée du plan, à raison d'un prélèvement de 15 huîtres par période de deux mois.

Pour répondre au mandat de la Commission européenne, l'AESA devra définir la prévalence de norovirus dans les huîtres prêtes à être consommées. Pour cela, elle conduira une extrapolation des résultats obtenus dans les zones de production et les centres d'expéditions échantillonnés, à l'intégralité de la production européenne. Cette extrapolation nécessitera de connaître le nombre de lots et le poids d'huîtres produits en Europe chaque mois par chaque centre d'expédition.

Pour des raisons pratiques et pour répondre à cette exigence de quantité et de qualité des données transmises, il avait été demandé que chaque centre d'expédition français fasse remonter

---

1   Lien vers rapport (en anglais) : http://www.efsa.europa.eu/en/efsajournal/pub/4414

Ministère de l'Agriculture et de l'Alimentation au Président du C.N.C. le 21 février 2018.(1/2)

135

ces informations à la DD(CS)PP de son département à une fréquence trimestrielle, à travers la transmission d'un tableau (joint en annexe de ce courrier). Cependant, alors que nous approchons des deux tiers de l'étude, très peu de données ont effectivement été fournies aux DD(CS)PP.

C'est dans ce contexte que je vous sollicite pour vous demander de bien vouloir relayer cette demande auprès de tous les CRC, qui eux-mêmes pourront les relayer auprès de leurs adhérents.

Les données récoltées ont vocation à être analysées de manière générale et anonymisée à l'échelle européenne, et ne seront utilisées que dans le cadre de cette étude. Cette étude de prévalence a été décidée à la suite de réserves exprimées à la fois par les organisations professionnelles et certaines autorités nationales (dont la France) sur la définition d'un critère de sécurité sans avoir estimé au préalable son impact économique. Les données de production sont donc d'une grande importance : la qualité des résultats de l'étude et ainsi la pertinence d'un éventuel critère microbiologique dépendent de leur transmission, ainsi que de leur précision et leur justesse.

Je vous prie de bien vouloir agréer, Monsieur le Président, l'assurance de mes salutations distinguées.

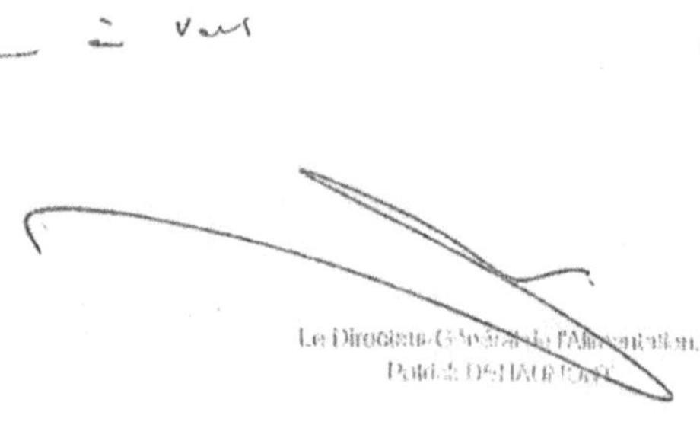

Le Directeur Général de l'Alimentation,
Patrick DEHAUMONT

<u>Annexe :</u>

- tableau à compléter par chaque centre d'expédition d'huîtres au fur et à mesure de l'étude et à retourner complété à la DD(CS)PP de son département avant le 30 novembre 2018

<u>Copie :</u> DPMA / BCEL

Ministère de l'Agriculture et de l'Alimentation au Président du C.N.C. le 21 février 2018.(2/2)

A ma connaissance, pas une seule fois il n'a été fait mention de ce plan, ni dans les journaux professionnels ou autres, toujours bien informés et très dévoués à notre profession (tels Cultures Marines ou Ouest-France ou La Presse de la Manche), ni dans des consignes émanant de nos instances professionnelles (CNC, SRC) !

Dans son courrier le Directeur Général de l'Administration constate : *« alors que nous approchons des 2/3 de cette étude, très peu de données ont été effectivement fournies aux DD(CS) PP »*

.Manifestement les autorités sanitaires de notre pays, pourtant fortement concerné par cette étude, comme l'écrit le Directeur, se sont apparemment désintéressées de ce plan et de son objet...pour se réveiller brutalement en février 2018 et, on a vu comment ! ...

Ce réveil brutal a-t-il eu pour but de faire oublier un an et demi d'endormissement ?

44) <u>Quelques résultats de recherche de norovirus.</u>

Dans notre GIE d'expédition d'Agon-Coutainville nous avons demandé, à la suite de ces événements de fermetures, au Laboratoire Labéo qui contrôle nos produits, de bien vouloir réaliser, à partir de nos bassins dégorgeoirs une recherche de norovirus .

Toutes les analyses effectuées se sont révélées négatives.

LABÉO MANCHE
1352 avenue de Paris - CS 33608 - 50008 SAINT-LÔ Cedex
Tél. 02 33 75 63 00 - Fax.02 33 75 63 01
manche@laboratoire-labeo.fr - www.labeo.manche.fr

ACCRÉDITATION
N°1-6185
cofrac
ESSAIS
portée sur
www.cofrac.fr

Ref Rapport Sfes2 v2 04/10/2017

RAPPORT D'ANALYSES

Dossier n° : F50003139-20180301-56506	M. et Mme QUETIER Georges et Marie
Echantillon n° : 20180301-203009	21 rue le Sémaphore
Origine : QUETIER	
N° de Rapport : 180383906 Page : 1 sur 2	50230 AGON COUTAINVILLE

Date de prise en charge	01/03/2018	NATURE ECHANTILLON	EAU DE FORAGE
Heure de prise en charge	15:11	Point de prélèvement	VANNE BASSIN
Date de prélèvement	01/03/2018	Flacon	LABÉO MANCHE
Heure de prélèvement	11:13	Motif	PURIFICATION
Prélevé par	LABÉO MANCHE TL	Traitement / Information	
Lieu de prélèvement	AGON COUTAINVILLE	Météo	COUVERT

Date de début d'analyse : 01/03/2018

ANALYSE	METHODE	RESULTAT	UNITE	NORME BASSE	NORME HAUTE
PARAMETRES TERRAIN					
Prélèvement eau à usage conchylicole	Méthode interne M_EPR013 selon FD T 90-520	Réalisé par LABÉO Manche			
BIOLOGIE MOLECULAIRE					
Volume traité de l'échantillon		1000	ml		
Traitement de l'échantillon	PCR - Méthode CEERAM	réalisé			
Recherche de norovirus GI par PCR	PCR - Méthode CEERAM	non détecté	UG/l		
Recherche de norovirus GII par PCR	PCR - Méthode CEERAM	non détecté	UG/l		
MICROBIOLOGIE					
X Escherichia coli (microplaque)	NF EN ISO 9308-3	<15	n/100ml		15

Pôle d'analyses et de recherche de Normandie

Photocopie d'un de ces résultats

45) <u>Espoirs et consolations.</u>

Compte tenu de l'émoi et des perturbations créés par la liaison, établie, comme on l'a compris, avec une incroyable légèreté, entre la gastro-entérite et l'expédition des huîtres de la côte ouest du Cotentin, beaucoup de responsables ont décidé de laisser tout simplement les esprits se calmer, tout en espérant que, si l'année prochaine, les conditions climatiques exceptionnelles (pluies et froid) responsables des gastro-entérites, venaient à se reproduire, le sang froid, le sérieux ct le bon sens, l'emporteront sur la précipitation et l'amateurisme !!

Le 5 mars 2018, la zone de Blainville-Gouville a été rouverte....

Beaucoup d'ostréiculteurs se consolent de cette dernière MESAVENTURE DE L'OSTREICULTURE en déclarant :

« ...*Les .interruptions ont été limitées... Les huîtres non vendues n'ont pas été perdues.... Les faits ne se sont pas produits pendant la saison de Noël...* »

Pourtant, il n'en reste pas moins évident, que l'image de la profession conchylicole toute entière, tout comme l'attrait touristique de la côte ouest du Cotentin, se sont trouvés écornés par cette « pollution des esprits au norovirus » !

Il serait temps que nos élites reçoivent une meilleure formation scientifique.

<u>BIBLIOGRAPHIE</u>

En 2006, **La face cachée de la Bible**

En 1999, **Le Coq Déplumé** Livre sur la Guerre de 1870.